David Whyte

# Zuwendungen

David Whyte

# Zuwendungen

## Das geheime Leben alltäglicher Wörter

Aus dem amerikanischen Englisch übersetzt von
Maike und Stephan Schuhmacher

Edition Spuren

Published by arrangement with
Canongate Books Ltd, 14 High Street, Edinburgh EH1 1 TE

Titel der Orinalausgabe:
*Consolations*
*The Solace, Nourishment and Underlying Meaning*
*of Everyday Words*


Edition Spuren
Bahnhofplatz 14, CH-8400 Winterthur
edition@spuren.ch www.spuren.ch

Lektorat & Gestaltung: Martin Frischknecht

Printed in Germany by cpi
ISBN 978-3-905752-88-5

*Den Wörtern*

*und ihrer*
*wunderbaren*
*verborgenen*
*und*
*verlockenden*
*Ungewissheit*

*gewidmet*

# EINLEITUNG

»Words belong to each other«[1], spult Virginia Woolfs krächzende Stimme von der einzig überlebenden Aufnahme ihrer akustischen Präsenz ab. Tatsächlich sind Wörter unsere Schöpfung, aber unsere pygmalische Liebe zu ihnen sollte uns nicht blenden – sie gehören uns nicht, denn sie sind keine statischen Gedankenformen, die man wie Artefakte besitzen und mit denen man handeln kann. Wörter sind lebendige Organismen, elastisch und porös, ungezähmt in ihrer Bedeutung, und sie entwickeln sich ständig weiter. Sie besitzen uns mehr, als dass wir sie besitzen. Sie weiden sich mehr an uns als wir uns an ihnen. Wörter gehören einander und wir gehören ihnen.

Und dennoch werden die gewöhnlichsten Wörter in unserem Lexikon – jene, die die elementarsten menschlichen Wahrheiten und Erfahrungen enthalten und vermitteln sollen – allmählich ihrer Bedeutung beraubt: attackiert durch Missbrauch, verschlissen durch zu häufige Nutzung, zu vieles Nachdenken und unterschätzt; ihre Dimension wird zertrampelt, ihre Nuancen verlieren an Farbe.

In *Zuwendungen* führt David Whyte uns in unser Heimatland der Sprache zurück, indem er die Wörter sich selbst und durch diese großzügige Tat auch uns selbst zurückgibt, uns, die wir sinnstiftende Geschöp-

1 Wörter gehören (zu)einander.

fe sind, welche mit dem mächtigsten Vermögen, das sie haben – der Sprache an sich –, durch dieses alte Labyrinth einer Welt navigieren. Für jedes Wort, das er wählt – Zorn, Sehnsucht, Stille –, komponiert Whyte weniger eine Neudefinition als eine Wiederbelebung, weniger Cawdrey[2] als Montaigne. Seine Mikro-Essays sind unterfüttert von einer unglaublichen Freundlichkeit und von geistiger Großzügigkeit, indem er jedes Wort in eine nicht nur menschliche, sondern in eine menschenfreundliche Bedeutung wieder einsetzt. »Freundschaft ist ein Spiegel von Präsenz und ein Beweis von Verzeihung« schreibt er über ein Wort, das in unserer Zeit der »Freunde« in den sozialen Medien ausgehöhlt ist, in unserer Kultur, die sich so sehr auf unversöhnlichen Zynismus und eine zerstreuende Flucht aus der Gegenwart verlegt hat. Auf dem verzauberten Webstuhl seiner poetischen Vorstellungskraft webt David Whyte die fadenscheinig gewordenen Wörter üppig und mit wiedergewonnener Bedeutung ausgestattet in prachtvolle Tapisserien aus Gedanken und Gefühlen ein. Das Ergebnis ist das höchste Geschenk des Seins: ein vertieftes Gefühl der Zugehörigkeit – von Wörtern, zu Wörtern und zu uns selbst.

*Maria Popova*

2 Robert Cawdrey verfasste das erste einsprachige Wörterbuch der englischen Sprache, das 1604 unter dem Titel A *Table Alphabeticall* erschien.

# ALLEIN

ist ein Wort, das für sich selbst steht, das die strenge, einsame Schönheit seiner eigenen Bedeutung auch dann nicht verliert, wenn es zu jemand anderem gesprochen wird. Es ist ein Wort, das gleichzeitig als eine Einladung zu Tiefe und als drohende Gefahr empfunden werden kann, wie in »ganz allein« mit seinem Echo von Verlassenheit. »Allein« ist ein Wort, in dem eine seltsame Endgültigkeit anklingt, insbesondere, wenn es in der eindringlichen Zusammensetzung »allein gelassen« auftaucht. Es ist so, als würde der einmal erfahrene Zustand eine eigene unausweichliche Welt definieren und hervorbringen. Der erste Schritt dazu, Zeit allein zu verbringen, besteht darin, sich einzugestehen, welch große Angst wir davor haben.

Alleinsein ist eine schwierige Disziplin: Ein schönes und schwieriges Gefühl der Einsamkeit ist stets der Grund, von dem aus wir in eine kontemplative Vertraulichkeit mit dem Unbekannten eintreten. Doch die erste Pforte des Alleinseins wird oft als Tor zu Entfremdung, Kummer und Verlassenheit erfahren. Allein zu sein oder allein gelassen zu werden, ist ein ständig gegenwärtiges, schreckliches und bleibendes menschliches Potenzial, vor dem wir oft, ohne dass wir uns dessen bewusst sind, die größte Angst haben.

Für längere Zeit allein zu sein, heißt, seine äußere Haut abzustreifen. Wenn wir allein sind, wird der Körper auf andere Weise bewohnt, als wenn wir mit anderen zusammen sind. Wenn wir allein sind, leben wir eher als eine Frage denn als eine Aussage in unserem Körper.

Die Durchlässigkeit des Alleinseins fordert uns auf, uns neu zu erfinden, ungeduldig mit uns selbst zu werden, der immer gleichen alten Geschichten überdrüssig zu werden und dann allmählich, Stunde um Stunde, die Geschichte auf andere Weise zu erzählen; wenn andere, parallele Ohren, derer wir uns zuvor nicht bewusst waren, beginnen, uns in der Stille aufmerksamer zuzuhören. Damit ein einsames Leben gedeihen kann, und sei es nur für ein paar kostbare Stunden, verlangt das Alleinsein von uns, mit der Stille Freundschaft zu schließen und, was genauso wichtig ist, auf die uns eigene Weise in dieser Stille zu wohnen, damit wir unseren völlig eigenen Weg zu unserer besonderen und kunstfertigen Art, allein zu sein, finden.

Die Stille in unserem Alleinsein zu bewohnen, bedeutet, ganz aufzuhören, die Geschichte zu erzählen. Anfangs führt Alleinsein immer zu Rohheit und Verletzlichkeit, zu einer beängstigenden Einfachheit, zum Nichterkennen und Nichtwissen, zu dem Wunsch, eine andere Gesellschaft zu finden als dieses nichtwissende und unbekannte Ich, das uns aus dem stummen Spiegel entgegenblickt.

Eine der elementaren Dynamiken von Selbstmitgefühl ist das Verstehen unseres tiefen Widerwillens dagegen, uns selbst überlassen zu sein.

Das Alleinsein fängt an mit der Verwunderung angesichts unseres eigenen Spiegelbilds, es durchläuft Betretenheit, selbst Hässlichkeit in dem, was wir sehen, und kulminiert eines bestimmten Tages oder zu einer bestimmten Stunde in einer wundervollen unerwarteten

Überraschung über das sich abzuzeichnen beginnende neue Aussehen, das allmähliche Sicheinstellen eines inneren Lebens, das nun Luft und Licht ausgesetzt ist.

Allein zu sein, heißt nicht unbedingt, ohne jede Gesellschaft anderer zu sein. Der radikale Schritt besteht darin, uns selbst allein zu lassen, die nörgelnde Stimme verstummen zu lassen, die ständig versucht, unsere Geschichte aus einer zu engen und zu komplizierten Perspektive zu interpretieren und diesen Blickwinkel durchzusetzen.

Selbst in Gesellschaft ist das Gefühl eines bevorstehenden Alleinseins eine Eigenschaft, die sich kultivieren lässt. Alleinsein bedarf keiner Wüste oder eines weiten Ozeans oder eines ruhigen Berges. Menschen besitzen die Fähigkeit, die rohsten und intimsten Formen von Alleinsein zu empfinden, während sie nahe bei anderen leben oder von der Hektik der Welt bedrängt werden: Sie können sich an einem Konferenztisch, in der glücklichsten, engagiertesten Ehe oder an Bord eines überfüllten Kreuzfahrtschiffs mit kompletter Besatzung allein fühlen.

Das Problem des Alleinseins mag sich in den intimsten Situationen, in der Dunkelheit des Ehebetts, einen Zentimeter und tausend Kilometer voneinander entfernt, oder in dem Schweigen um einen winzigen, eng besetzten Küchentisch am heftigsten anfühlen. Aber sich in der Gegenwart anderer allein zu fühlen, heißt auch, die Einzigartigkeit des menschlichen Daseins zu verstehen, während wir die tiefe physische Strömung erleben, die uns mit anderen verbindet, ob wir es nun wollen oder nicht. Alleinsein kann Zusammengehörigkeit sogar durch ein Gefühl von Abstand ermessen.

Zu Beginn des einundzwanzigsten Jahrhunderts ist es

zutiefst unmodisch, sich allein zu fühlen oder allein sein zu wollen. Zuzugeben, sich allein zu fühlen, gilt als Ablehnung anderer oder gar als Verrat an ihnen – als seien sie keine gute Gesellschaft und als hätten sie kein kurzweiliges, interessantes eigenes Leben, das unsere Aufmerksamkeit verdient. Tatsächlich allein sein zu wollen ist ein radikaler Akt. Denn alleinsein zu wollen, bedeutet, eine gewisse Gastfreundschaft durch das Gespräch zurückzuweisen und sich einer anderen Tür und einer anderen Art von Begrüßung zuzuwenden, die nicht unbedingt von menschlichem Vokabular definiert ist.

Es kann sein, dass eine Auszeit von der Arbeit, von einer Vorstellung von uns selbst oder von einem engagierten Partner geradezu die Essenz der Wertschätzung für den anderen, für die Arbeit und für das Leben eines anderen darstellt – indem wir fähig sind, sie allein zu lassen, wie wir uns selbst allein lassen, um etwas zu leben, das sich wieder so anfühlt, als hätten wir die Wahl, sodass uns selbst allein wiederzufinden, eine beabsichtigte Errungenschaft ist und nicht etwa ein Zustand, zu dem wir verdammt worden sind.

# ANFANGEN

Ob nun gut oder armselig, es ist wichtig, einfach nur anzufangen. Doch die Fähigkeit, einen guten Anfang zu machen, ist auch eine Kunstform. So als würde man ein neues und unbekanntes Musikinstrument in die Hand nehmen, besteht der erste notwendige Schritt darin, sich Zeit zu nehmen, bis man einen einfachen reinen Ton hervorbringen kann. Gewöhnlich ist das der einfache reine Ton von Verzeihung, der sich ergibt, wenn wir uns das Recht zugestehen, in diesem Stadium überhaupt nichts zu wissen. Irgendetwas gut zu beginnen, beinhaltet ein Aufräumen des Verwirrenden, des Überladenen und des Komplizierten, um die schönen, oft verborgenen Züge des Wesentlichen und Notwendigen zu entdecken.

Es ist schwer anzufangen, und die isolierenden Rituale und kunstfertigen Feinheiten unserer Verzögerungstaktiken sind immer ein ausgezeichnetes, ständig gegenwärtiges Maß unseres Widerwillens, den ersten sich annähernden mutigen Schritt zur Wiedererlangung von Glück zu tun, tatsächlich angefangen zu haben.

Vielleicht weil ein neuer Schritt immer aus dem zentralen grundlegenden Kern des Körpers hervorgehen muss, eines von uns vernachlässigten Körpers, bedeutet, gut anzufangen, uns wieder gut in unserem Körper zu verankern und uns selbst sowie die Person, zu der wir geworden sind, seit wir zuletzt versucht haben zu beginnen, einzuholen. Diese radikale physische Verkörperung führt zu einer ebenso radikalen inneren Vereinfachung, durch die plötzlich sehr große Teile von uns – Anteile, die wir jahrelang zu unserem Nutzen angewendet haben, Teile von uns, die noch immer die alte komplizierte Geschichte durchspielen – mit einem Mal arbeitslos werden.

Es kommt dann tatsächlich zu einer Art innerer Personalkürzung mit all den damit einhergehenden todesähnlichen Traumata, bei der jene Teile von uns entlassen werden, die zu ängstlich sind mitzumachen oder die nichts mehr zu bieten haben. In diesem Rahmen findet der allerletzte Kampf statt mit einem rückwärtsgewandten Unglauben, dass dieses neue, weniger komplizierte Ich und dieser sehr einfache Schritt alles sind, was notwendig ist, um die vor uns liegenden neuen Möglichkeiten ergreifen zu können.

Es ist immer schwer zu glauben, dass der mutige Schritt uns so nah ist, dass er näher ist, als wir es uns je haben vorstellen können, dass wir im Grunde bereits wissen, worin er besteht, und dass dieser Schritt einfacher und radikaler ist, als wir gedacht haben: einfach nur den Stift oder den Holzmeißel ergreifen, einfach nur das Instrument oder das Telefon in die Hand nehmen. Deshalb wünschten wir uns in unserer gewiss von Angst umwölkten Identität oft, die Geschichte sei komplizierter, deshalb wollen wir, dass der Horizont immer in der Ferne bleibt, das Versprechen niemals ganz und gar gehalten wird, der Versuch länger braucht als nötig und die Antwort sicher im Bereich der Unmöglichkeit verwahrt bleibt.

# BEDAUERN

ist ein kurzes, sinnträchtiges und schmerzlich schönes Wort, eine Elegie auf verlorene Möglichkeiten selbst in seiner knappen Verkündigung. Das Wort ist auch eine Seltenheit und wird fast nie verwendet, außer wenn der Sprechende darauf beharrt, dass er nichts bedauere, dass er tapfer und vorausschauend sei und sich sein Leben unmöglich anders vorstellen könne, als es ist. Bedauern einzugestehen, heißt zu verstehen, dass wir fehlbar sind: dass es Kräfte in der Welt gibt, die über die unseren hinausgehen. Bedauern einzugestehen, heißt, die Kontrolle nicht nur über eine schwierige Vergangenheit, sondern auch über die Geschichte zu verlieren, die wir uns über die Gegenwart erzählen. Und merkwürdigerweise gilt das Eingeständnis aufrichtigen und anhaltenden Bedauerns heutzutage als eine der größten Sünden.

Dass ehrliches Bedauern so selten ist, mag auf die heute vorherrschende Betonung der jugendlichen Perspektive zurückzuführen sein. Und womöglich gehört wahres hilfreiches Bedauern nicht zu den Möglichkeiten oder Aufgaben der Jugend. Vielleicht bedarf es einer hart erkämpften Reife, die Tiefen des Bedauerns auf eine Weise zu erfahren, die uns nicht überwältigt und schwächt, sondern uns in eine angemessene großzügigere Beziehung zur Zukunft setzt. Außer während kurzer Gefühlsaufwallungen, die Welle verpasst oder jemand anderen verletzt oder etwas genommen zu haben, das einem nicht gehört, ist die Jugend noch nicht bereit für den reichen Strom anhaltenden Bedauerns, der ein reifes menschliches Leben durchzieht und es ermutigt.

Aufrichtiges Bedauern kann in der Tat das Vermögen sein, auf die Zukunft zu achten, eine neue Welle zu spüren, wo wir eine vorhergehende verpasst haben, Zeitlosigkeit mit einem Enkelkind zu erfahren, wo wir ein eigenes Kind vernachlässigt haben. Vollkommenes Bedauern heißt zu würdigen, wie hoch die Einsätze selbst in einem durchschnittlichen Menschenleben sind.

Wenn es voll und ganz erfahren wird, wendet das Bedauern unseren Blick aufmerksam und wachsam auf eine Zukunft, die möglicherweise besser gelebt werden kann als unsere Vergangenheit.

# BEDINGUNGSLOS

Rückhaltlos zu lieben, ist nicht möglich, denn bedingungslose Liebe ist ein notwendig traumhaftes Ziel, das wir niemals so ganz erreichen. Wir sind sterbliche Geschöpfe des Lebens und des Sterbens, und wie wir lieben und was wir lieben, hängt davon ab, wo wir uns in dem Drama und der Jahreszeitlichkeit von Leben und Sterben befinden. Liebe kann durch Hingabe an den bedingungslos weiten Horizont der Vollkommenheit geheiligt und veredelt werden, doch was die Liebe in der menschlichen Welt real macht, scheint eher unser bewegtes, sich abmühendes Gespräch mit diesem Horizont der Sehnsucht zu sein als irgendeine Möglichkeit, je dort anzukommen. Die Erklärung einer rein spirituellen bedingungslosen Liebe oder die Hoffnung darauf ist häufiger ein verschlüsseltes Verlangen nach Immunität und Sicherheit, ein Versuch, Prüfungen von Verletzlichkeit, Machtlosigkeit und erlesenem Schmerz auszuweichen, durch die wir in einer Beziehung, einer Ehe, beim Aufziehen von Kindern und bei einer Arbeit, die wir lieben und begehren, in die Lehre gehen.

Die Hoffnung auf bedingungslose Liebe ist die Hoffnung auf ein anderes Leben als das, welches uns geschenkt wurde. Liebe ist das Gespräch zwischen möglicher sengender Enttäuschung und einem zutiefst imaginierten Gefühl von Ankommen und Erfüllung: Wie wir dieses Gespräch gestalten, ist der Prüfstein für unsere Liebesfähigkeit in der realen, bewohnten Welt. Die wahre Signatur und vielleicht sogar das Wunder menschlicher Liebe ist eine Hilflosigkeit, die noch viel wunderbarer ist, weil wir die Hilflosigkeit bewusst oder unbewusst wählen: in unserer Liebe für ein Kind, einen Partner, eine Arbeit oder einen Weg, den wir allen Widrigkeiten zum Trotz einschlagen müssen.

Unsere Pfade und Reisen der Liebe werden immer durch wunderschöne Demütigungen, durch Enttäuschungen und durch Formen des Gefangenseins erlebt: durch unser eigenes seltsames Verhalten oder das von anderen, oder einfach dadurch, dass wir den jahreszeitlichen Schwankungen der Welt ausgesetzt sind – dem unvermeidlichen Wetter des Daseins, das ein einst stabiles Leben durchweht und es oft genug in der Luft zerreißt.

Bedingungslose Liebe ist eine schöne, ersehnte Unmöglichkeit, und dennoch würden wir die Natur unserer Hilflosigkeit nicht gänzlich verstehen, ohne je durch die Linse dieser ersehnten Vollkommenheit zu blicken. Wir sind Geschöpfe, die keine Wahl haben zwischen dem, was wir verlangen, und dem, was von uns verlangt wird. Und nur dann scheinen wir diese ganzen Verletzlichkeiten der Liebe zu verkörpern, wenn wir in dem bewegten Grenzbereich zwischen diesem Wünschen und Gewünschtwerden verweilen. Die Einladung, eine zutiefst menschliche Welt von robuster Verletzlichkeit zu betreten, die mit einer manchmal fröhlichen, öfter jedoch schwierigen Hilflosigkeit durchsetzt ist, wird uns jeden Tag unterbreitet, ob wir es uns wünschen oder nicht – eine Einladung, uns selbst in der bedingten Welt, in der wir leben, aufs Spiel zu setzen und anzuerkennen, dass uns kein anderer begehbarer Pfad offensteht, auf dem wir von Herzschmerz, den Schwierigkeiten und Freuden, die uns bewegen und die sich durch uns bewegen, unberührt bleiben würden. Der einzig mögliche Weg scheint der zu sein, uns selbst bedingungslos der Bedingtheit einer jeglichen überwältigenden, verstörenden und belohnenden Gestalt von Liebe hinzugeben.

# BEDRÄNGT

fühlen sich die meisten Menschen fast unablässig: von Ereignissen, von Leuten, von all den Notwendigkeiten der Beschaffung, Betreuung oder Teilhabe, von selbst herbeigeführten positiven Möglichkeiten, und seltsamerweise besonders von Erfolg, so sie ihn in langen Jahren des Bemühens denn erreicht haben.

Sich in Niederlage oder Sieg von den Umständen beengt, eingeschränkt und blockiert zu fühlen, ist nicht nur die tägliche Erfahrung der meisten Menschen in den meisten heutigen Gesellschaften, es war seit Anbeginn des menschlichen Bewusstseins eine im individuellen Leben stets vorhandene Dynamik. Kein Mensch vermag in seinem Leben Verpflichtungen zu entfliehen: Zieh dich auf eine einsame Insel zurück, und der einsame Inselbewohner wird wie Robinson Crusoe eine Liste erstellen, auf welche Weise er den Platz bewohnbar machen oder beginnen kann, sich ein Holzfloß zur Flucht zu zimmern. Sag allen Leuten, sie sollen dich in Ruhe lassen, und sie werden dich belagern und wissen wollen, warum. Verdiene eine Menge Geld, um individuelle Freiheit zu erlangen, und alle Welt wird bei dir einziehen, um einen Teil der Ernte abzubekommen.

Wenn uns die Welt nicht in Ruhe lässt, dann scheint die Fähigkeit, sich eine Identität zu schaffen, die in alledem zu leben vermag, ohne sich davon heimgesucht zu fühlen, die entscheidende Disziplin zu sein. In der Bedrängnis sind wir aufgefordert, unsere Tage nicht mit einer To-do-Liste zu beginnen, sondern mit einer Not-to-do-Liste, einer Liste von Augenblicken außerhalb der zeitgebundenen Welt, in denen die Zeit neu geordnet werden kann und wir neue Prioritäten setzen können. In diesem Raum des Nichttuns und der Stille erschaffen wir ein Fundament, von dem aus wir uns eine neue Vorstellung von unserem Tag und von uns selbst machen können. Beginnen wir das tägliche Gespräch aus einer Perspektive von Freiheit und Ungebundenheit, so gestattet uns dies, uns selbst neu zu sehen, die Welt neu zu betreten, als sei es das erste Mal. Dabei geben wir uns selbst und unsere Errungenschaften, unsere Bestrebungen und unsere überzogenen Hoffnungen auf, auf dass wir erkennen können, in welcher Form sie zu uns zurückkehren.

Um die Bedrängnis aufzuheben, leisten wir das Beste für unsere Kinder, doch dann, zum rechten Zeitpunkt, schicken wir sie mit unserem Segen ins Leben hinaus, wie gefahrvoll ihre Ausrichtung auch sein mag. Wir führen ein Unternehmen, während wir uns bei steigenden Betriebskosten daran erinnern, wie der Betrieb ursprünglich unser Tor zur Freiheit war. Wir feiern Erfolge, begreifen jedoch, dass nun ein anderer Horizont lockt, dass wir in der Tat noch etliche Male werden neu anfangen müssen. Um das Maß unseres Erfolges zu erkennen, lernen wir, nach einer intimen, greifbar nahen Innerlichkeit zu verlangen anstatt nach einer erhofften, unerreichbaren, weit entfernten.

Bedrängt wie wir sind, ist es kein Wunder, dass Männer und Frauen hin- und her gerissen sind zwischen einerseits dem Traum von einem von der Welt unberührten

Ort und andererseits dem Wunsch, in ihrem Alleinsein wieder gefragt zu sein. Bedrängt oder allein gelassen, scheinen wir am besten am Kreuzungspunkt zwischen endgültigem Alleinsein und endgültiger Zugehörigkeit leben zu können, oder, wo es keine Wahlmöglichkeit gibt, besser noch in deren Zwiegespräch. Uns wird beides zuteil: Die anderen Menschen werden niemals weggehen, und Alleinsein ist sowohl möglich als auch notwendig.

Sich inmitten des bedrängten Alltags einen Zustand von Alleinsein zu schaffen, ist wohl eines der tapfersten Dinge, die einzelne Männer und Frauen für sich selbst tun können. Dies bedeutet, nel mezzo, inmitten von allem, wie Dante sagte, bedrängt zu sein – aber auf erfreuliche Weise, da wir einen Platz geschaffen haben, auf dem wir stehen können: inmitten der Leute und der Orte und der Verworrenheit, die zu lieben wir mittlerweile gelernt haben, indem wir sie nun nicht mehr für Feinde oder bedrängende Kräfte halten, sondern wie zum ersten Mal für Beteiligte an einem sowohl vertrauten als auch seltsam überraschenden Drama. Wir stellen fest, dass es gleichermaßen ein Privileg als auch eine Last ist, Leute zu haben, die an unsere Tür klopfen, dass gesehen, anerkannt sowie in der Welt begehrt zu sein und einen Platz zu haben, an dem wir jeden und alles empfangen können, dem Gegenteil unendlich vorzuziehen ist.

# BEFANGENHEIT

ist das Vorzimmer von Präsenz, der notwendige Eingang zu neuen und tieferen Sehnsüchten, der erste notwendige Schritt in der Reifung eines unerwarteten Lebens, das aus einem plötzlichen, oft unerwünschten und schwierigen Fundament, welches unsere Erfahrung von Ehrfurcht untermauert, hervorgeht.

Befangenheit ist die Ahnung von etwas großem Unbekannten, das plötzlich im Begriff ist, unmittelbar erkannt und überaus persönlich zu werden, das uns anspricht, als ob wir wüssten, was wir sagen sollen, wohin wir uns wenden sollen oder – im Falle einer Romanze – was wir anziehen sollen. Befangenheit zu fühlen, heißt, in fünf Richtungen gleichzeitig zu blicken: auf das lockende neue Leben direkt vor uns, auf die Rückzugslinie hinter uns, auf alternative Möglichkeiten des Ausweichens nach rechts oder links, und unter wirklich schwierigen Umständen auf die Hoffnung auf ein vollständiges und plötzliches Verschwinden. Befangenheit ist die erste notwendige Kreuzung auf dem Weg des Werdens.

Befangenheit als eine Verhaltensweise bei der ersten Annäherung an das Neue, das Notwendige und das Überwältigende wird oft unterschätzt und vernachlässigt. Sind wir frei von Befangenheit, so hindert übermäßiges Vertrauen uns daran, die angemessene Verwirrung, Scheu und Hilflosigkeit, die das erste Stadium der Offenbarung begleiten, zu erfahren. Ohne Befangenheit können wir jene Art von reifer Identität, die es für eine Offenbarung braucht, nicht ausformen.

Unsere visuellen Medien, insbesondere das Fernsehen, sagen uns, Befangenheit sei überflüssig, und sie korrumpieren damit unseren Sinn für das, was eine wahre Erforschung von Befangenheit ausmacht. Außerdem begegnen wir auf unseren virtuellen Reisen durch soziale Medien nur selten Ausdrucksformen von Befangenheit. Doch körperliche Befangenheit sagt uns gerade durch unsere Verletzlichkeit, dass wir uns endlich in der Gegenwart des Geheimnisses von etwas, eines Ortes oder von jemandem befinden, die wir zutiefst begehren oder die das repräsentieren, was wir begehren, selbst wenn wir in unserer wesentlichen physischen Hilflosigkeit noch nicht wissen, wie wir das Gespräch, das es herbeiführen könnte, auch nur beginnen sollen.

Befangenheit ist der erlesene und verletzliche Grenzbereich zwischen dem, was wir für möglich halten, und dem, was wir zu verdienen glauben. Ohne Befangenheit ist es nicht möglich, das Neue zu erfassen. Völliges Selbstvertrauen am Anfang eines neuen Lebensabschnitts bedeutet, dass wir falsch instruiert wurden, dass wir uns gründlich irren, dass wir glauben zu wissen, was gleich geschehen wird und wer wir gleich sein werden.

Befangenheit ist eine Einladung zu einer besonderen Form von Schönheit, zu Eigenschaften, die sowohl praktiziert als auch kultiviert werden wollen. Befangenheit ist unser Freund, die Ankündigung, dass wir jeden Moment die Pforte durchschreiten, durch all unsere Schwierigkeiten hindurchgehen und einen neuen Anfang wagen werden.

# BEICHTEN

ist ein Sich-des-Schutzes-Entblößen. Das Aussprechen einer Wahrheit, die einst wie eine Demütigung ausgesehen haben mag, wird plötzlich zu einem Tor, einem Zugang zu solidem Grund, womöglich sogar zu einem ersten Schritt nach Hause. Beichten heißt, sich zu befreien, nicht nur indem man eine Sünde oder ein Versäumnis eingesteht, sondern sich zu einer tieferen Loyalität bekennt, einer größeren Hingabe an etwas, das jenseits der bloßen Gefahr von unmittelbarer Bestrafung oder der Trostlosigkeit, geächtet zu werden, liegt. Beichten heißt, sich bereitzuerklären für einen mutigeren Weg, einen Pfad, auf dem uns eine zuvor verteidigte Identität nicht nur entrissen wird, sondern sich als irrelevant, als eine Ablenkung erweist, als eine mächtige Wahnvorstellung, von der wir über all die Jahre eingenommen wurden und durch die wir uns für die wirklichen Fragen nicht verantwortlich hielten.

Freiheit von Täuschung mag vielleicht das Ziel sein, aber keine Beichte bleibt ohne Konsequenzen. Unsere Befürchtungen hinsichtlich dessen, was eine Beichte nach sich ziehen mag, sind wohl begründet: Die alte Identität, die durch das Geheimnis geschützt wurde, überlebt die Offenbarung beinahe nie. Wir beginnen das neue Leben isoliert, womöglich tatsächlich von jenen geächtet, denen wir Unrecht getan haben, oder sogar von jenen, die unser Bedürfnis, uns auszusprechen, nicht nachvollziehen können. Beichten verlangt implizit danach, dass wir die Reise erneut allein fortsetzen, ohne die vertraute Begleitung, die uns bis dahin zur Seite stand.

Häufig kommt es auf dem Sterbebett zu einer Beichte, weil das Aufrechterhalten unserer alten ängstlichen Identität, die das Geheimnis bewahrt hat, im Lichte unseres bevorstehenden Ablebens und Verschwindens absurd, ja fast lächerlich erscheint. Mit einem Mal sind wir nicht mehr das Ding, das wir die ganze Zeit über verteidigt haben. Angesichts des Schattens unseres Verschwindens geht uns auf, was für eine enorme Anstrengung und Willenskraft uns die Bewahrung unseres Namens und unserer Identität gekostet hat, einzig, um ein lediglich zeitweiliges und behelfsmäßiges Gefühl von Persönlichkeit aufrechtzuerhalten. Wenn wir die Stasis der Geheimhaltung verlassen, müssen wir uns einer neuen Ehrlichkeit und Fließfähigkeit anheimgeben, einem strömenden Fluss des Ankommens – und zwar nicht allein basierend auf einer zeitweiligen Grundlage, solange die Offenbarung neu ist, sondern auf einer um ein neues Leben gestalteten Struktur, die eine tiefere Disziplin verlangt, selbst wenn es eine Disziplin ist, die wir uns auf dem Sterbebett gerade erst zugelegt haben.

Beichten ist deshalb nichts Passives, es ist nicht einfach die Fähigkeit, sich den eigenen Verfehlungen zu stellen – grundlegend für die ursprüngliche Bedeutung des Wortes ist eine aktive Dynamik. In der frühen christlichen Tradition bedeutete Beichten, sich zur eigenen Religion zu bekennen und dies zu bekunden. Beichten war aufzudecken, was wir für wahr hielten, indem wir es vor uns oft nicht gewogenen Zeugen laut aussprachen. Beichten bedeutete, einen Standpunkt der Verletzlichkeit und Sichtbarkeit einzunehmen und manchmal uns jenen auszuliefern, die uns in unserem Ringen nicht wirklich verstanden.

Indem wir für uns durch die Beichte eine neue Befreiung reklamieren, erscheinen uns die eigenen Übertretungen anderen gegenüber in einem neuen Licht, als etwas nicht nur vor anderen, sondern vor uns selbst Verborgenes, das uns durch die Bewahrung des Geheimnisses nicht nur vor Bestrafung schützen sollte, sondern uns auch daran hinderte, einen nächsten mutigen Schritt zu tun. Um Offenbarung nicht mit Bestrafung zu verwechseln, betreten wir festen Boden, indem wir in der Intimität und Weiträumigkeit unseres eigenen Herzens und Geistes zuerst uns selbst beichten. Dann übertragen wir diese Beichte, um sie der Welt zu präsentieren, so gut es uns nur möglich ist in Worte und verschmelzen dadurch zwei zuvor unversöhnliche Sphären. Beichten heißt, das Verletzende und das Verletzte, Innen und Außen, zu integrieren.

Beichten bedeutet nicht nur, dass wir ruhig atmend, allein und im Geheimen eine Wahrheit anerkennen, die wir uns selbst ständig vorenthalten haben und der wir anfangs keine Stimme zu verleihen vermochten. Beichten ist auch eine hoffnungsfrohe Hingabe an eine größere Macht, die es uns unmöglich machen könnte, dieselbe Sünde erneut zu begehen.

# BENENNEN

Wenn Liebe zu früh benannt wird, so ist das ein schönes, jedoch qualvolles menschliches Problem. Denn meistens entsteht unser Herzschmerz aus dem Versuch, denjenigen, den wir lieben, oder das, was wir lieben, und die Weise, auf die wir lieben, auf der verletzlichen Entdeckungsreise der Liebe zu früh zu benennen.

Wenn wir uns einer Person, einer Arbeit, einer Ehe oder einer anderen Sache hingeben, können wir am Anfang niemals wissen, mit welcher Art von Liebe wir es zu tun haben. Wenn wir eine bestimmte Art der Erwiderung verlangen, bevor die Offenbarung vollständig erblüht ist, werden wir enttäuscht und bekümmert sein, und in diesem Kummer mag uns jene besondere Form von Liebe, die tatsächlich möglich ist, die jedoch nicht unseren anfänglichen und zu spezifischen Erwartungen entspricht, entgehen. In diesem Gefühl der Enttäuschung identifizieren wir uns als eine Person, der in der Liebe Enttäuschung widerfahren ist. Unsere beinahe stolze Enttäuschung hindert uns daran zu erkennen, dass der Mangel an Erwiderung von Seiten einer bestimmten Person oder Situation einfach eine verklausulierte Einladung zu einer tieferen, bis dahin noch unerkannten Form der Zuneigung ist.

Der Akt des Liebens an sich wird zu einem Pfad demütiger Lehrzeit, nicht nur indem wir seinem schwierigen Weg folgen und verschiedene Formen von Demut und wunderbarer Erniedrigung entdecken, sondern seltsamerweise durch seine erbitterte Einführung in all die vielen erstaunlichen und unterschiedlichen Ausgestaltungen des Liebens, durch die wir uns ständig und gegen unseren Willen aufgefordert sehen, auf viele verschiedene Arten zu geben, ohne genau zu wissen, ob, auf welche Weise, wann oder wie dieses geheimnisvolle Geschenk je erwidert wird.

Wir benennen meistens, um Kontrolle zu erlangen, aber das, was liebenswert ist, will nicht von den Grenzen einengender Benennungen umschlossen werden. In vielerlei Hinsicht hat die Liebe uns bereits benannt, bevor wir überhaupt beginnen können, ihr zu antworten, noch bevor wir die richtigen Worte herausbringen oder verstehen können, was uns widerfahren ist oder uns ständig weiterhin geschieht – nämlich eine Einladung zu der schwierigsten aller Künste, der Kunst zu lieben, gänzlich, ohne zu benennen.

# BERÜHRUNG

ist etwas, das wir uns in der einen oder anderen Form wünschen, auch wenn wir sie durch das Alleinsein finden, durch die Kraft der Stille oder durch das wahrgenommene Bedürfnis, auf Abstand zu gehen. Berührung ist Begegnung mit etwas oder jemand anderem als uns selbst, das leichte Streichen des Grases auf der Haut, die kräuselnde Brise, die unmittelbare Berührung durch die Hand eines anderen – ja selbst die sanfte erste Berührung durch ein Verstehen, das anzunehmen wir bis zu diesem Augenblick gefürchtet haben.

Ob wir nun das berühren, was wir sehen, oder das Geheimnis von etwas, das unter dem Schleier des von uns Gesehenen liegt, wir sind für unendliche Begegnung und Austausch bestimmt, während wir auf physische oder imaginäre Weise einen einheitlichen Geist und Körper aufrechterhalten müssen, der seinerseits wiederum entdeckt und berührt werden kann. Wir sind für die Welt etwas, gegen das man anrennen und an dem man sich reiben kann: durch die Prüfungen der Liebe, durch Schmerz, durch Glück, durch unsere schlichte alltägliche Bewegung in der Welt. Und die Welt berührt uns auf vielfältige Weisen, von denen manche Verletzungen des Körpers oder unserer Hoffnung auf Sicherheit sind: durch Naturkatastrophen, durch Herzschmerz, durch Krankheit, durch den Tod selbst.

In alter Zeit wurde eine Berührung durch einen Gott

zugleich als Segen wie auch als Verletzung angesehen. In der Welt lebendig zu sein, bedeutet, von dieser Welt entdeckt und gelegentlich bis zum innersten Kern auf eine Weise berührt zu werden, wie wir es lieber nicht erfahren würden. Wenn wir mit unserem Körper wachsen, geschieht es uns allen, dass wir irgendwann durch diese Welt auf schwer erträgliche Weise verletzt und verwundet werden – und dennoch leben und atmen wir in dieser berührbaren, sinnlichen Welt, und im Durchgang durch Traumata, durch Kummer, durch Erholung heilen wir, um wieder auf die richtige Weise berührt zu werden: als physische Weihe einer gegenseitigen zuverlässigen Einladung.

Nichts als der Tod selbst kann das Ankommen des Körpers in jeder neuen Gegenwart verhindern, was in allen Kulturen als eine andere, ultimative und innige Begegnungsform erahnt wird. Nichts verhindert das Altwerden oder unser Miterleben von Zeit, wodurch wir uns immer wieder aufgefordert sehen, für jede unterschiedliche Gegenwart präsent, berührbar und auffindbar zu sein, jemand zu sein, der den überaus heftigen Konsequenzen, körperlich in dieser Welt präsent zu sein, gewachsen ist.

Eine unberührbare, unverletzliche Identität zu schmieden, ist in Wirklichkeit ein Anzeichen für einen Rückzug aus dieser Welt, ein Ausdruck von Schwäche. Es ist eher ein Zeichen von Angst als von Stärke und verrät ein seltsames Missverständnis einer bleibenden, grundlegenden und notwendigen Realität: dass wir verschwinden, wenn wir nicht berührt werden.

# COURAGE

ist ein Wort, das uns verleitet, ans Außen zu denken: wie wir tapfer gegen gegnerisches Feuer anrennen, in einer bedrückenden Situation die Initiative ergreifen, und vielleicht vor allem von den Leuten für jemand gehalten werden, der Mut unter Beweis stellt, worauf wir in einer Story gefeiert sowie mit Medaillen belohnt werden und uns auf die Schulter geklopft wird. Doch ein Blick auf die sprachliche Herkunft des Wortes lässt uns eher nach innen schauen, hin zu seinem Ursprung im alten normannisch-französischen Coeur oder Herz.

Courage ist das Maß unserer von Herzen kommenden Teilhabe am Leben, miteinander, in einer Gemeinschaft, bei der Arbeit, auf eine Zukunft hin. Couragiert, also beherzt zu sein, bedeutet nicht unbedingt, irgendwohin zu gehen oder irgendetwas zu unternehmen, als vielmehr uns jene Dinge bewusst zu machen, die wir bereits tief empfinden, und dann die endlosen Verletzlichkeiten der Konsequenzen, die sich daraus ergeben, zu durchleben. Beherzt zu sein, heißt, unsere Gefühle tief im Körper und in der Welt zu verankern: den lebensnotwendigen Bedürfnissen von oft bereits bestehenden Beziehungen zu entsprechen und ihnen gerecht zu werden – im Umgang mit Dingen, die wir als uns sehr lieb und teuer erkennen, mit einer Person, einer Zukunft, einer Möglichkeit in der Gesellschaft, oder mit etwas Unbekanntem, das uns vorandrängt und uns immer schon vorangedrängt hat. Couragiert zu sein, heißt, dem Stoff, aus dem wir gemacht sind, treu zu bleiben.

Der französische Philosoph Albert Camus pflegte sich im Stillen selbst aufzufordern, am Rand der Tränen zu leben – nicht etwa als eine Aufforderung zu weinerlicher Sentimentalität, sondern als eine Einladung zum tiefen Privileg der Zugehörigkeit und zu der Weise, auf die Zugehörigkeit uns beeinflusst, prägt und uns auf einer grundlegenden Ebene das Herz bricht. Es gehört zur elementaren Dynamik unserer menschlichen Verkörperung, von dem, was wir empfinden, berührt zu werden, als seien wir von der Wirklichkeit und dem Vorrecht der Liebe und Zuneigung und ihres möglichen Verlustes überrascht. Courage ist die Gestalt von Liebe, wo sie durch die einfachen alltäglichen Erfordernisse des Lebendigseins auf die Probe gestellt wird. Von innen her kann sie sich wie Verwirrung anfühlen; wir lernen nur langsam, was uns wirklich wichtig ist, und lassen unser äußeres Leben von dieser Gravitationskraft neu ausrichten. Mit zunehmender Reife fühlt sich diese robuste Verletzlichkeit wie der einzig gebotene Weg vorwärts an, die einzig wahre Einladung und die sicherste Basis, von der aus wir weitergehen können. Im Inneren lernen wir, wen und was und wie wir lieben und was wir tun können, um diese Liebe zu vertiefen. Lediglich von außen und nur im Rückblick sieht das aus wie Courage.

# DANKBARKEIT

ist keine passive Reaktion auf etwas, das uns geschenkt worden ist. Dankbarkeit entsteht, wenn wir wach in der Präsenz von allem, was innerhalb und außerhalb von uns lebt, verweilen. Dankbarkeit ist nicht unbedingt etwas, das nach einem Ereignis erwiesen wird, es ist vielmehr der tiefe, a priori gegebene Zustand von Aufmerksamkeit, der zeigt, dass wir die Natur des Lebens als ein Geschenk begreifen und dieser Tatsache gerecht werden.

Dankbarkeit bedeutet zu verstehen, dass viele Millionen Dinge zusammenkommen und zusammen leben, sich vermischen und zusammen atmen, damit wir auch nur einen einzigen weiteren Atemzug nehmen können. Dankbarkeit bedeutet zu begreifen, dass das dem Leben und unserer Inkarnation als lebendiger und teilhabender Mensch zugrunde liegende Geschenk ein Privileg ist, dass wir wie durch ein Wunder eher Teil von etwas als vielmehr nichts sind. Auch wenn dieses Etwas zeitweilig Schmerz oder Verzweiflung mit sich bringt, befinden wir uns in einer lebendigen Welt mit wirklichen Gesichtern, wirklichen Stimmen, Lachen, der Farbe Blau, dem Grün der Felder, der Frische einer kühlen Brise oder dem dunkelgelben Farbton einer Winterlandschaft.

Die ganz und gar wunderbare Wesenheit der Farbe Blau zu erkennen, heißt, dankbar zu sein, ohne dass wir dafür Danke sagen müssen. Gänzlich die Schönheit im Antlitz einer Tochter zu sehen, bedeutet, vollkommen dankbar zu sein, ohne nach einem Gott, dem es zu danken gilt, suchen zu müssen. Unter Freunden und Fremden zu sitzen, viele Stimmen und merkwürdige Meinungen zu vernehmen, inneres Leben unter der Oberfläche zu erahnen, innerhalb dieser Welt viele Welten gleichzeitig zu bewohnen, ein Jemand unter allen anderen Jemanden zu sein und daher ein Gespräch ohne Worte zu führen, bedeutet, unser Gefühl für die Gegenwärtigkeit zu vertiefen und folglich unser natürliches Gefühl von Dankbarkeit dafür zu empfinden, dass alles sowohl mit uns als auch ohne uns geschieht, dass wir gleichzeitig sowohl Mitwirkende als auch Zeugen sind.

Dankbarkeit findet ihr vollkommenes Maß in der Großzügigkeit unserer Präsenz sowohl durch Mitwirkung als auch durch Zeugenschaft. Wir sitzen als Teil der Welt einer jeden anderen Person am Tisch, während wir ungewollt und mühelos unsere eigene Welt erschaffen. Dies ist etwas Außerordentliches und Begnadetes, dies ist die Essenz von Dankbarkeit, ein Einblick in den Kern des Privilegs. Danksagung geschieht, wenn unser Gefühl von Gegenwärtigkeit allen anderen Gegenwärtigkeiten begegnet. Wenn wir undankbar sind, mag dies bedeuten, dass wir einfach nicht aufmerksam sind.

# EHRGEIZ

ist ein Wort, dem es an echtem Ehrgeiz mangelt. Ehrgeiz ist ein eingefrorenes Verlangen, der Lauf eines stillgelegten Berufslebens, das festen und unversöhnlichen Zielen eine allzu starre Form verleiht. Ehrgeiz mag für ein junges und bis dahin noch unerfülltes Leben wesentlich sein, aber er wird zum größten Hindernis eines jeden reifen Lebens. Ehrgeiz trennt uns von der grundlegenden elementaren Natur des kreativen Gesprächs, während er uns mit dem Schutz eines Ziels ausstattet, das durch ein Übermaß an Beschreibung, Vertrautheit und Verstehen falsch geworden ist.

Ehrgeiz ist etwas derart Bequemes, weil man ihn anderen erklären kann; die eigentliche Krankheit von Ehrgeiz besteht darin, dass er sich anderen so leicht erklären lässt. Was einer lebenslangen Hingabe würdig ist, will von uns nicht auf eine Weise erkannt werden, die seine tatsächliche Präsenz schmälert. Alles, was sich selbst treu ist, besitzt seine eigene Geheimsprache und eine innere Intentionalität mit einer geheimen überraschenden Strömung, überraschend selbst für denjenigen, der angeblich alles in Bewegung setzt.

Ehrgeiz lässt letztlich alle Geheimnisse in seinem grellen Licht verdorren, bevor sie Zeit hatten, von innen heraus zum Leben zu erwachen. Damit vereitelt Ehrgeiz die Großzügigkeit und Reife, die den Diskurs einer lebenslangen Hingabe an eine Arbeit gedeihen lassen.

Wir können den Strahl des Ehrgeizes so ausrichten, dass er einen bestimmten Winkel der zukünftigen Welt beleuchtet, aber letztlich kann er uns lediglich Träume offenbaren, die uns bereits vertraut sind. Ehrgeiz, der sich selbst überlassen wird – wie er in der Identität eines durchschnittlichen Milliardärs zutage tritt –, wird immer langweilig, denn sein einziges Ziel besteht darin, größere und immer noch größere Imperien der Kontrolle zu erschaffen. Doch eine wahre Berufung ruft uns über uns selbst hinaus; sie bricht uns in diesem Prozess das Herz und macht uns demütiger und einfacher, sie erhellt uns jenes verborgene Herzstück der Arbeit, das uns ursprünglich in seinen Bann schlug. Wir stellen fest, dass wir die ganze Zeit über bereits das besessen haben, was wir von Anfang an gebraucht haben, und dass wir schließlich zu seiner Essenz zurückgekehrt sind, einer Essenz, die wir nicht begreifen konnten, solange wir den tatsächlichen Herzschmerz der Reise nicht erlebt hatten.

Ungeachtet der selbstgefälligen Bedeutung, die wir unserer Arbeit beimessen, sind wir alle Kompost für Welten, die wir uns noch nicht vorstellen können. Ehrgeiz trägt uns in Richtung dieses Horizonts, aber nicht über ihn hinaus – diese Linie wird immer vor unseren kontrollierenden Händen zurückweichen. Eine Berufung hingegen ist ein Gespräch zwischen unserem physischen Körper und unserer Arbeit, unserem Verstand und unserer Vorstellungskraft sowie einer neuen Welt, die an sich das Gebiet darstellt, das wir suchen. Eine wahre Berufung beinhaltet immer auch jene spezifische, herzzerreißende Weise, auf die wir beim Versuch, voll und ganz zu leben, scheitern werden. Eine wahre Berufung verwandelt sowohl Ehrgeiz als auch Versagen in Mitgefühl und Verständnis für andere.

Ehrgeiz verlangt Willenskraft und ständigen Einsatz von Energie, um vermeintlich auf Kurs zu bleiben. Eine ernsthafte berufliche Bestimmung erfordert jedoch eine ständige Aufmerksamkeit auf das unbekannte Gravitationsfeld, das uns umgibt und aus dem heraus wir uns wieder auftanken, als würden wir aus einer Atmosphäre von Möglichkeit atmen. Die Arbeit eines Lebens besteht nicht aus einer Reihe von Trittsteinen, auf die wir gelassen unsere Füße setzen, sondern sie ist eher so etwas wie die Überquerung eines Ozeans, bei der es im Austausch mit den Elementen keinen Weg gibt, sondern nur einen Kurs, eine Richtung. Blicken wir zurück, so sehen wir unser Kielwasser, das wir lediglich als eine kurze schimmernde Spur auf dem Wasser zurücklassen.

Bei den ersten Schritten eines Jugendlichen ist Ehrgeiz etwas ganz Natürliches, denn ein junger Mensch muss erst einmal die essenzielle Falschheit des Ehrgeizes erfahren, um die größere Realität, die dahintersteht, zu erkennen. Doch wenn man zu lange an Ehrgeiz festhält – und insbesondere im Alter kommt es immer zu einem Mangel an Überraschungen –, dann verwandelt er die letzten Jahre des Ehrgeizigen in eine zweite Kindheit und macht aus dem einst Erfolgreichen ein Objekt von Mitleid.

Das authentische Wasserzeichen, das den Hintergrund eines Lebenswerks durchzieht, zeigt sich, wenn man zu Großzügigkeit und – als Symbol für diese Großzügigkeit – zur Freude an den Hoffnungen der Jugendlichen gelangt und ihnen dann nicht nur die verdienten Belohnungen zukommen lässt, sondern auch die Belohnung, die im Geheimnis selbst liegt, die Kernkompetenz, welche die Reise zu einer Reise machte.

Vielleicht ist das größte Vermächtnis, das wir mit unserer Arbeit hinterlassen können, anderen nicht etwa Ehrgeiz einzuflößen – auch wenn dies die erste Weise sein mag, ihre Ankunft in unserem Leben zu beschreiben –, sondern ihnen ein Gefühl für das Privileg weiterzugeben, eine Straße, einen Weg gefunden zu haben, dem man mit all seinen Schwierigkeiten und kleineren Augenblicken von Triumph folgen kann, und ihn dann gehen zu dürfen, oft zusammen mit anderen, ein Gefühl für das zugrunde liegende ursprüngliche Geschenk, sowohl Zeuge als auch vollwertiger Teilnehmer des Gesprächs gewesen zu sein.

erreichen wir durch das Tor von Kummer und Verlust. Wohin wir nicht im Geiste, in der Erinnerung oder in unserem Körper gehen können, dort können wir nicht aufrecht mit anderen, mit der Welt oder mit uns selbst umgehen. Die Angst vor Verlust in der einen oder anderen Form ist die Motivation hinter allen bewussten oder unbewussten Unehrlichkeiten: Wir alle haben Angst vor Verlust in all seinen Formen; wir alle fühlen uns zuweilen von der Möglichkeit eines Verschwindens heimgesucht oder überwältigt, und wir alle sind daher nur einen kleinen Schritt von der Unehrlichkeit entfernt. Jeder Mensch weilt hautnah an einer Pforte zur Enthüllung, die zu durchqueren er fürchtet. Ehrlichkeit liegt in dem Verstehen unserer engen und notwendigen Beziehung zum Nicht-hören-Wollen der Wahrheit.

Die Fähigkeit, die Wahrheit auszusprechen, ist ebenso sehr die Fähigkeit zu beschreiben, wie es ist, ängstlich vor dieser Pforte zu stehen, wie die Fähigkeit, unter allen Umständen tatsächlich durch sie hindurchzugehen und zu dem sämtlichen Verhältnissen gewachsenen, wundervoll ehrlichen spirituellen Krieger zu werden, zu dem wir gerne werden möchten. Ehrlichkeit ist nicht die Aufdeckung irgendeiner grundlegenden Wahrheit, die uns Macht über das Leben, über andere oder gar über unser Ich verleiht. Sie ist eine robuste Verkörperung in die unbekannte, sich entfaltende Verwundbarkeit des Daseins hinein, in der wir anerkennen, wie machtlos wir uns fühlen, wie wenig wir tatsächlich wissen, wie viel Angst wir haben, nicht zu wissen, und wie erstaunt wir sind über das erkleckliche Ausmaß an Verlusten, denen sich selbst das durchschnittlichste Leben ausgesetzt sieht.

Ehrlichkeit basiert auf Demut, mehr noch auf Demütigung, sowie darauf zuzugeben, wo genau wir machtlos sind. Ehrlichkeit findet sich nicht in der Offenbarung von Wahrheit, sondern darin zu verstehen, welch große Angst wir vor der Wahrheit haben. Ehrlich zu werden, heißt in Wirklichkeit, vollständig und fest in Machtlosigkeit verkörpert zu werden. Ehrlichkeit erlaubt es uns, mit dem Nichtwissen zu leben. Wir kennen nicht die ganze Geschichte; wir wissen nicht, wo wir uns in dieser Geschichte befinden; wir wissen nicht, wer am Ende die Schuld und wer die Verantwortung tragen wird. Ehrlichkeit ist keine Waffe, mit der sich Verlust und Herzschmerz vom Leibe halten ließen. Ehrlichkeit ist die äußere Diagnose unserer Fähigkeit, uns auf die Realität zu gründen, den am schwersten zu erreichenden Boden überhaupt, auf den Ort, wo wir tatsächlich wohnen. Sie ist der lebendige atmende Grenzbereich, in dem es keine realistische Wahl zwischen Verlust und Gewinn gibt.

# EINSAMKEIT

ist der Eingang zu unausgesprochenem und bisher noch unbestimmtem Verlangen. Im leiblichen Schmerz des Alleinseins machen wir einen ersten Schritt zum Verstehen, wie weit wir von echter Freundschaft, von einer passenden Arbeit oder einer lange ersehnten Liebe entfernt sind. Einsamkeit kann ein Gefängnis sein, ein Ort, von dem aus wir auf eine Welt hinausblicken, die zu bewohnen wir nicht fähig sind. Einsamkeit kann ein körperlicher Schmerz und eine Buße sein. Aber eine Einsamkeit, in die wir völlig eintauchen, wird auch zu einer Stimme, die nach jenem großen unbekannten Jemand oder Etwas verlangt und ruft, den oder das wir gern unser Eigen nennen möchten.

Einsamkeit ist ebenjener Zustand, der den Mut gebiert weiterzurufen, und wenn sie vollkommen gelebt wird, kann sie ihre eigene wunderbare Umkehrung erfahren und in ihrer Vollendung zu dem weit entfernten Horizont werden, der auf unseren Ruf antwortet.

In der großen Ordnung der Dinge ist Einsamkeit ein Privileg. Wie kein anderes Geschöpf besitzen Menschen die Fähigkeit, Alleinsein mit einer durch Intelligenz und Fantasie gesteigerten Kraft zu empfinden. Tiere mögen sich auf instinktive Weise allein fühlen und sich auf natürliche und zärtliche Weise ihren Artgenossen zuwenden, doch Menschen sind wohl die einzigen Wesen, die eine bestimmte Art Leben, von der sie das Gefühl haben, sie fehle ihnen, artikulieren, sich vorstellen oder danach ersehnen können.

Einsamkeit ist das Substrat und die Grundlage von Zugehörigkeit, das Gravitationsfeld, das uns nach Hause und in den wunderbaren Wesenskern ihrer Isolation zieht; sie ist die nach Gemeinsamkeit ausgestreckte Hand. Wenn wir uns erlauben, uns ganz allein zu fühlen, dann erlauben wir uns, die besondere Natur unserer einsamen Verkörperung zu verstehen. Wenn wir uns das Alleinsein zum Freund machen, dann gehen wir bei der Grundlage in die Lehre, von der aus wir andere zu uns einladen. Sich allein zu fühlen, bedeutet, sich der Wahrheit unserer unabänderlichen und unaussprechlichen Einzigartigkeit zu stellen, doch einer Einzigartigkeit, die küssen, ein Gespräch führen, ein Gelübde ablegen oder ein gemeinsames Leben aufbauen kann. In der Welt oder in der Gemeinschaft verbindet sich diese essenzielle Singularität durch Vision, Intellekt und Ideen mit anderen zu einer Gesellschaft.

Einsamkeit ist kein Konzept, sie ist der Körper, der einen Zusammenhang mit anderen Körpern herstellt und versucht, ihnen nahe zu kommen oder sich gar durch körperliche Berührung, Gespräch oder durch Vermittlung des Intellekts oder der Fantasie mit ihnen zu verbinden.

Einsamkeit ist der Ort, von dem aus wir anderen Stimmen als der unseren echte Aufmerksamkeit schenken. Alleinsein ermöglicht es uns, die Heilkraft im anderen zu finden. Eine noch so kurze Zeile in einer noch so knappen E-Mail kann selbst die isolierteste Identität heilen, sie ermutigen, willkommen heißen und beleben. Einsame

Menschen sind einsam, weil Zugehörigkeit ihre Bestimmung ist. Einsamkeit ist der Single-Malt-Geschmack gerade jener Essenz, die bewusste Zugehörigkeit möglich macht. Die Türöffnung ist näher, als wir denken. Ich bin allein – also gehöre ich dazu.

# ENTTÄUSCHUNG

ist unausweichlich, aber notwendig. Sie ist ein missverstandener Segen und – wenn man sich ihr auf die richtige Weise nähert – ein Mittel zur Transformation sowie der untergründige, verborgene Motor von Vertrauen und Großzügigkeit im menschlichen Leben. Der Versuch, ein enttäuschungsfreies Leben zu schaffen, ist der Versuch, die Verletzungen, die das Gespräch mit dem Leben wirklich, ergreifend und lebensecht machen, zu vermeiden. Enttäuschung ist der Versuch, unseren eigenen notwendigen und förderlichen Herzschmerz zu vermeiden. Enttäuscht zu sein, heißt, uns selbst und unsere innere Welt neu zu bewerten und zu jener größeren grundlegenden Realität gerufen zu werden, die jenseits jedes falschen Ichs liegt, das wir bloß auf die äußere Welt projiziert haben.

Was wir Enttäuschung nennen, ist vielleicht einfach nur das erste Stadium unserer Emanzipation in die nächstgrößere Struktur unseres Daseins. Enttäuscht zu sein, heißt, nicht nur die Realität selbst neu zu bewerten, sondern auch unsere grundlegende Beziehung zu den Strukturen von Ereignissen, Orten und Menschen, die uns umgeben und die wir so lange, bis wir wirklich enttäuscht worden sind, falsch interpretiert und missverstanden haben. Enttäuschung ist die erste, fruchtbare Grundlage für echten Herzschmerz, aus dem heraus wir das Risiko einer Ehe, einer Arbeit, einer Freundschaft oder des Lebens selbst eingehen.

Das Maß unserer Beherztheit ist das Ausmaß unserer Bereitschaft, Enttäuschung anzunehmen, uns ihr eher zu-, als von ihr abzuwenden, zu verstehen, dass jedes echte Gespräch mit dem Leben beinhaltet, dass unser Herz unterwegs irgendwo gebrochen wird, dass es keinen echten begehbaren Weg gibt, auf dem wir nicht zutiefst und unermesslich enttäuscht und auf den Boden der Tatsachen geholt werden, und auf dem das, was ursprünglich wie ein Verrat ausgesehen hat, uns schließlich zu einem tragfähigen Grund unter den Füßen führt.

Enttäuschung wirft die große Frage auf, ob wir ihr erlauben, uns auf den Boden der Tatsachen zu stellen, uns zu einem festeren Gefühl unserer selbst zu führen, einem sichereren Gefühl für unsere Welt und für das, was für uns gut und was in dieser Welt möglich ist, oder ob wir Enttäuschung lediglich als eine Wunde erfahren, die uns von weiterer Teilhabe Abstand nehmen lässt.

Enttäuschung ist ein Freund von Transformation, sie ist ein Aufruf sowohl zu Genauigkeit als auch zu Großzügigkeit in der Bewertung unserer selbst und anderer, eine Prüfung unserer Aufrichtigkeit und ein Katalysator für Widerstandsfähigkeit. Enttäuschung ist lediglich die erste Begegnung mit der Grenze eines sich weiterentwickelnden Lebens, eine Einladung in die Realität, von der wir erwartet hatten, sie würde sich auf eine bestimmte Art erweisen, die sich aber als etwas anderes erweist, häufig als etwas Schwierigeres, Überwältigenderes und seltsamerweise etwas letzten Endes Bereicherndederes.

# ERINNERUNG

ist nicht einfach ein in einem Jetzt erinnertes Damals. Die Vergangenheit ist niemals einfach nur die Vergangenheit. Erinnerung ist ein Puls, der alles geschaffene Leben durchzieht, eine Wellenform, ein Dann, das unablässig zu anderen Danns wird, indem es ständig ein kontinuierliches, allerdings beinahe unberührbares Jetzt erschafft. Doch die zurzeit modische Besessenheit von einem Leben einzig im Jetzt missversteht das vielschichtige Erbe der Existenz, in der sämtliche Epochen in Parallelen atmen und leben.

Sei es der epochale Moment, der durch das Erscheinen der ersten Wasserstoffatome im Universum ausgelöst wurde, oder ein in der Jugend erhaschter erster Blick auf das erwachsene Leben oder die rohe körperliche Erinnerung daran, unser erstes Kind in den Armen zu halten – Erinnerung durchzieht ein individuelles Menschenleben wie eine anschwellende musikalische Wellenform, die ständig reift, an Virtuosität gewinnt und häufig flüchtig, manchmal überwältigend ist. Jedes menschliche Leben enthält die Macht dieses unermesslichen geerbten Pulses, trägt sie und lädt sie dann der Weise entsprechend weiter auf, auf die wir unsere Identität im unberührbaren Jetzt bewohnen. Erinnerung ist eine Einladung zu der Quelle unseres Lebens, zu einer stärkeren Teilhabe am Jetzt, zu einer Zukunft, die kurz bevorsteht, letztlich jedoch zur Identität eines Grenzbereichs, der alles auf einmal in sich aufnimmt. Erinnerung macht das Jetzt ganz und gar bewohnbar.

Der Genius der menschlichen Erinnerung liegt zunächst einmal in deren Entstehung durch Erfahrung, und dann in der Art und Weise, wie sie sich im Geist festsetzt, je nach der Identität, die wir bewohnten, als wir anfänglich beschlossen, uns zu erinnern. Dann liegt dieser Genius in der nach außen strahlenden Wirkung der Erinnerung und all ihren möglichen zukünftigen Ergebnissen, die alle gleichzeitig auftreten und die sich parallel zu der Person, die sich erinnert, verändern können. Wir bewohnen die Erinnerung tatsächlich als lebendige Schwelle, als Ort der Wahl, des Willens und der Vorstellungskraft, als einen Kreuzungspunkt, an dem sich unsere Zukunft in verschiedene Richtungen entwickelt, je nachdem, wie wir die Geschichte, die wir geerbt haben, interpretieren, oder, genauer gesagt, je nach der Art und Weise, auf die wir die ererbte Geschichte leben. Wir können überwältigt, traumatisiert und kleinergemacht werden von der Flutwelle, die uns hierhergeschwemmt hat, ja, wir können ertränkt und von der Erinnerung ausgelöscht werden. Oder wir können einen uns schützenden Kokon spinnen und passiv im Kielwasser dessen dümpeln, von dem wir glauben, dass es passiert sei. Aber wir haben auch andere, angenehmere Möglichkeiten. Erinnerung ist in gewissem Sinne die bloße Essenz des Gesprächs, das wir als individuelle menschliche Wesen führen. Sich die Erinnerung voll und ganz zu eigen zu machen, macht den Menschen bewusst, macht ihn zu einer lebendigen Verbindung zwischen dem, was war, was ist und was gleich sein wird. Werden wir durch eine

Alzheimererkrankung oder einen Schlaganfall unserer Erinnerung beraubt, so verlieren wir unsere Identität. Erinnerung ist das lebendige Bindeglied zu persönlicher Freiheit.

Durch das Geschenk eines wahrhaftig angenommenen Erbes wird uns klar, dass Erinnerung das bevorstehende Geschehen schafft und beeinflusst und wenig mit dem zu tun hat, was wir auf wunderliche und häufig fantasielose Weise als die Vergangenheit bezeichnen. Vielleicht erinnern wir uns an die alten Griechen, die Mnemosyne (Erinnerung) stets als die Mutter der Musen aufgefasst haben, was bedeutet, dass all ihre neun erfindungsreichen Töchter, all ihre neun Formen des kreativen menschlichen Schaffens, die von der Vorstellungskraft der alten Griechen anerkannt wurden und nach denen sich einzelne Menschen und Gesellschaften bis zum heutigen Tag sehnen, aus dem Schoß und dem Körper der Erinnerung geboren wurden.

# FREUDE

ist ein Treffpunkt von tiefer Intentionalität und von Selbstvergessenheit, die körperliche Alchemie dessen, was in uns liegt, in Verbundenheit mit dem, was zuvor außen zu sein schien, was jetzt aber weder das eine noch das andere ist. Sie ist vielmehr ein lebendiger Grenzbereich geworden, eine Stimme, die zwischen uns und der Welt spricht: Tanz, Lachen, Zärtlichkeit, Haut in Berührung mit Haut, Singen im Auto, Musik in der Küche, die stille, unersetzliche und kameradschaftliche Gegenwart einer Tochter. Freude ist die reine berauschende Schönheit der Welt, die wir als eine Schwelle zwischen dem, was wir zuvor für uns gehalten haben, und dem, wovon wir glaubten, es sei radikal anders als wir, bewohnen.

Freude kann durch Übung und hart erkämpfte Leistung ebenso entstehen wie durch einen unvorhergesehenen, vorübergehenden Akt von Gnade aus heiterem Himmel. Freude ist zu unserer Bestürzung ein Maß für unsere Beziehung zum Tod und unser Leben mit dem Tod. Freude ist der Akt, uns selbst zu verschenken, bevor wir es tun müssen oder darum gebeten werden. Freude ist praktizierte Großzügigkeit.

Wenn Freude eine tiefe Form von beständiger Liebe ist, ist sie auch die rohe Auseinandersetzung mit der jahreszeitlichen Vergänglichkeit des Daseins, die als Geschenk verstandene flüchtige Präsenz jener, die wir lieben. Sie ist das, was ist und nie wieder so sein wird, wie es in unser

Leben eintritt und wieder hinausgeht: Gesichter, Stimmen, Erinnerungen, Aromen des ersten Frühlingstags oder eines Holzfeuers im Winter, der letzte Atemzug eines sterbenden Elternteils, wie sie in unserer Erinnerung aufbewahrt werden und einen seltenen, rohen, wunderbaren Grenzbereich bilden zwischen liebender Gegenwart und einer aufblühenden Abwesenheit.

Eine vollkommene und uneingeschränkte Freude zu empfinden, bedeutet, voll und ganz großzügig zu werden. Sich zu erlauben, fröhlich zu sein, bedeutet, durch das Tor der Angst hindurchgegangen zu sein, das Wegfallen des ängstlichen sorgenvollen Ichs als einen dankbaren Tod zu empfinden, ein Verschwinden, ein Wegschenken, das im Lachen von Freundschaft anklingt. Es bedeutet, die Verletzlichkeit des Glückszustands und die Verletzlichkeit seines drohenden Verlustes unverhofft als eine Stärke zu erfahren, als einen Trost und eine Quelle: das Einnehmen unseres Platzes im lebendigen Gespräch, das pure Privileg, sich in der Präsenz eines Berges, des Himmels oder eines geliebten vertrauten Gesichts zu befinden. Ich war hier und du warst hier und zusammen haben wir eine Welt erschaffen.

# FREUNDSCHAFT

ist ein Spiegel von Präsenz und ein Beweis von Verzeihung. Freundschaft hilft uns nicht nur, uns selbst mit den Augen eines anderen zu sehen, sondern kann über die Jahre nur mit einer Person aufrechterhalten werden, die uns wiederholte Male unsere Übertretungen verziehen hat, so wie wir in uns selbst das Vermögen finden müssen, dieser Person unsererseits zu verzeihen.

Ein Freund kennt unsere Schwierigkeiten und Schattenseiten und bleibt in Sichtweite, ist eher ein Gefährte in unseren Verletzlichkeiten als in den Triumphen, die uns der sonderbaren Illusion erliegen lassen, keines Freundes zu bedürfen. Eine Unterströmung echter Freundschaft ist gerade darum ein Segen, weil ihre Elementarform immer wieder durch Verständnis und Erbarmen neu entdeckt wird. Alle Freundschaften, die von gewisser Dauer sind, basieren auf einem beständigen gegenseitigen Verzeihen. Ohne Toleranz und Erbarmen ist jede Freundschaft zum Tode verurteilt.

Eine enge Freundschaft wird im Laufe der Jahre stets den Schatten des anderen ebenso bloßlegen wie den eigenen. Um Freunde zu bleiben, müssen wir den anderen und seine Schwierigkeiten, ja sogar seine Sünden kennen und das Beste in ihm so gut wie möglich unterstützen, nicht durch Kritik, sondern indem wir den besseren Teil in ihm, die entscheidende kreative Seite seiner Inkarnation ansprechen und auf diese Weise subtil das entmutigen, was ihn kleinermacht, weniger großzügig und weniger zu ihm selbst.

Mit den Augen wahrer Freundschaft gesehen, ist ein Individuum größer als seine alltäglichen Handlungen, und durch die Augen eines anderen bekommen wir ein umfassenderes Gefühl für unsere eigene Persönlichkeit, eine Persönlichkeit, nach der wir streben und in die wir das größte Vertrauen setzen. Freundschaft ist nicht nur ein beweglicher Grenzbereich des Verständnisses unserer selbst und des anderen, sondern auch des Verstehens einer möglichen und bisher ungelebten Zukunft.

Freundschaft ist der große verborgene Verwandler aller Beziehungen. Sie kann eine problembeladene Ehe verwandeln, eine professionelle Rivalität ehrenhaft machen, kann Herzschmerz und unerwiderter Liebe einen Sinn geben, und sie kann zu einer neu entdeckten Ebene für eine reife Eltern-Kind-Beziehung werden.

Die Dynamik einer Freundschaft als konstante Kraft im menschlichen Leben wird beinahe immer unterschätzt: Ein abnehmender Freundeskreis ist das erste schreckliche Symptom eines in massive Schwierigkeiten geratenen Lebens: von Überarbeitung, von zu großer Betonung der beruflichen Identität, des Vergessens, wer da sein wird, wenn unsere gepanzerte Persönlichkeit auf die unausweichlichen natürlichen Katastrophen und Verwundbarkeiten prallt, die sich selbst im durchschnittlichsten Dasein einstellen.

Durch die Augen eines Freundes gesehen, lernen wir insbesondere, zumindest ein wenig interessant für andere zu bleiben. Wenn unsere Persönlichkeit flach wird und wir unsere Neugier auf das Leben in der Welt oder auf den anderen verlieren, gehen der Geist und die Lebendigkeit von Freundschaft verloren. Langeweile ist der zweitgrößte Killer von Freundschaft.

Aufgrund der natürlichen Überraschungen einer über Jahre hinaus andauernden Freundschaft entdecken wir die größeren überraschenden Kreisläufe, an denen wir teilhaben, sowie das Vertrauen, das zu einem weiteren Sinn jener Offenbarung führt, die von menschlicher Beziehung unabhängig ist: Wir freunden uns an mit der Erde und dem Himmel, mit dem Horizont und den Jahreszeiten; sogar mit dem vielfachen Sterben im Winter lernen wir befreundet zu sein. Und in diesem Vertrauen gehen wir den Weg, uns selbst ein guter Freund zu sein.

Freundschaft transzendiert das Sterben. Eine anhaltende Freundschaft geht über den Tod hinaus; durch die Abwesenheit verwandelt sich lediglich der Austausch, und wenn die eine Hälfte des Bundes gestorben ist, setzt sich die Beziehung in einem stillen inneren Gespräch fort und reift.

Doch wie groß auch immer die heilsamen Vorzüge davon sein mögen, ein wahrer Freund zu sein, oder wie förderlich eine lange enge Beziehung mit jemand anderem auch immer sein mag, das wesentliche Kriterium für eine Freundschaft ist nicht eine Optimierung, weder unserer selbst noch des anderen. Das ultimative Kriterium ist die Zeugenschaft, das Privileg, von jemand anderem gesehen zu werden, und das ebenso große Privileg, Einblick in die Essenz des anderen erhalten zu haben – mit ihm ein Stück Wegs gegangen zu sein, an ihn geglaubt zu haben und ihn manchmal einfach nur für eine wie auch immer kurze Zeitspanne auf einer Reise begleitet zu haben, die allein zu bewältigen unmöglich gewesen wäre.

# GENIUS

ist seiner ursprünglichen Definition nach etwas, das wir bereits besitzen. Genius wird am besten seinem grundlegenden und alten Sinne nach verstanden: als Beschreibung der spezifischen einem Ort zugrunde liegenden Eigenschaft – wie im lateinischen Genius Loci, dem Geist eines Ortes. Genius beschreibt eine Form der Begegnung von Luft und Land und Bäumen, vielleicht eine Hügellandschaft, ein Steilufer, einen strömenden Fluss oder eine Brücke über einen Fluss. Genius ist jenes Zwiegespräch der Elemente, das einen Ort zu etwas vollkommen Einzigartigem macht. Er ist die Brise auf unserer Haut, die besondere Frische und die Gerüche des Wassers oder der Berge oder des Himmels an einem einzigartigen realen geografischen Ort. Wir könnten viele andere Orte mit einer Steilküste, einem Fluss, einer Brücke aufsuchen, aber jene Orte würden nicht den besonderen Geist, diese Eigentümlichkeit, die Atmosphäre und auch nicht das Klima dieses speziellen Ortes der Begegnung aufweisen.

Aufgrund seines Längen- und Breitengrades, der vorherrschenden Winde, des Duftes und der Farbe seiner Vegetation sowie der Weise, auf die die Sonne diesen Ort an einem frischen frühen Morgen in einem bestimmten Winkel aufsucht, ist der Genius ein einzigartiger Zusammenfluss, den es sonst nirgendwo anders auf der Erde gibt. So wie der Genius eines Ortes die Begegnungsstätte all der Elemente ist, die diesen Ort ausmachen, liegt der Genius eines Menschen in der Geografie des menschlichen Körpers und seines Gesprächs mit der Welt.

Der menschliche Körper bildet einen lebendigen geografischen Ort, so wie es der Geist und die Identität, die hier vorherrschen, tun. Den eigenen Genius zu leben, heißt, leicht und mühelos an jenem Kreuzungspunkt zu verweilen, an dem alle Elemente unseres Lebens und unseres Erbes zusammenkommen und einander begegnen. Jeder von uns kann sich als eine geschaffene Geografie betrachten, einen Zusammenfluss geerbter Strömungen. In jedem von uns steckt eine ihm eigene Signatur, das Erbe unserer Vorfahren, unserer Landschaft, unserer Sprache und einer darunterliegenden, halb verborgenen Geologie aus Erinnerungen, Verletzungen, Triumphen und aus Geschichten in unserer Familiengeschichte, die noch nicht vollständig erzählt worden sind. Jeder von uns ist außerdem eine sich ständig wandelnde jahreszeitliche Wetterfront. Und das, was durch uns hindurchweht, besteht nicht nur aus den Begabungen und dem Herzschmerz unseres eigenen Wachstums, sondern auch aus den Schmerzen unserer Vorfahren sowie den bewusst oder unbewusst an uns weitergegebenen Geschichten über ihr Leben.

Unseren Genius auszuleben, bedeutet, das Gespräch zwischen unserem besonderen ererbten Körper und dem Körper der Welt, aus dem wir gemacht zu sein scheinen, auszuleben. Genius ist keine festgelegte Plattform, auf die wir einzig durch Leistung gelangen. Er ist eher die Fähigkeit, an dem Ort zu leben und zu atmen, an dem unser einzigartiger individueller physischer Körper allen anderen Körpern, den leiblichen wie den elementaren, begegnet: ein Körper, der vom Wind durchweht, von inneren Beben erschüttert und von periodischen Fluten hinweggewaschen und neu geordnet wird. Er besitzt seine eigene, hart erarbeitete Sprache und seine ihm eigenen Versuche, das nicht zu Ordnende zu ordnen, aber er muss auch den Jahreszeiten, seinen eigenen Arten von Glück und seinem eigentümlichen und notwendigen Kummer folgen. Er erahnt für sich eine bestimmte Zukunft, wird jedoch im Gespräch mit allen anderen Zukünften geformt.

Genius ist sowohl eine spezifische Begabung als auch eine Möglichkeit, die noch nicht in Erscheinung getreten ist. Er ist kein festgelegtes inneres Gut, das gefördert und zur Oberfläche gehoben werden muss, sondern ein Gespräch, dem man folgen, das man vertiefen, begreifen und feiern muss. Genius ist das Zusammentreffen unseres Erbes mit dem Horizont, die Schnittstelle zwischen dem, was erzählt wurde, was erzählt werden kann und was noch zu erzählen ist, zwischen unseren praktischen Fähigkeiten und dem Geheimnis der Schwerkraft, die uns voranzieht. Es ist unser Genius, die Sternenkonstellation im Augenblick unserer Geburt zu erfassen, unter ihr zu stehen und von dieser Stelle aus jenen verborgenen einzigartigen Stern hinter dem nächtlichen Horizont zu suchen, von dem wir nicht wussten, dass wir ihm folgen.

# GRUND

ist das, was unter unseren Füßen ist. Unser Grund ist der Platz, an dem wir bereits stehen, ein Zustand der Anerkennung, ein Ort oder Umstand, zu dem wir gehören, ob wir es wollen oder nicht. Er ist das, was uns hält und trägt, aber auch das, was wir nicht wahrhaben wollen. Er ist das, was uns herausfordert, sowohl körperlich als auch psychisch, ungeachtet von Bedürfnissen, die wir zur Geltung bringen wollen. Er ist das lebendige, zugrunde liegende Fundament, das uns sagt, wer wir sind, wo wir sind, in welcher Jahreszeit wir uns befinden und was ungeachtet unserer abstrakten Wünsche in unserem Körper, in der Welt oder im Gespräch zwischen den beiden im Begriff ist zu geschehen.

Grund unter den Füßen vorzufinden, bedeutet, sich in den Umständen und dem physischen Körper, in dem wir inmitten dieser Umstände leben, heimisch zu fühlen und vor allen Dingen der Wahrheit ins Gesicht zu blicken, wie schwierig sie auch immer sein mag. Gegründet zu sein, heißt, das beherzte Gespräch zu beginnen, sich in Schwierigkeiten zu begeben und – indem wir diesen ersten Schritt tun – damit zu beginnen, durch alle Schwierigkeiten hindurchzugehen, mit der Tragfähigkeit jener Grundlage, die sich schon die ganze Zeit unter unseren Füßen befunden hat. Grund ist ein Platz, auf den wir den Fuß setzen können, ein Platz, auf dem wir stehen können, und ein Platz, von dem aus wir weitergehen können.

# HERZSCHMERZ

ist unvermeidlich. Er ist das natürliche Ergebnis, wenn wir uns um Menschen und Dinge kümmern, über die wir keine Kontrolle haben, wenn wir für jene Zuneigung empfinden, die wir unausweichlich aus den Augen verlieren. Selbst die längste Ehe kennt den Herzschmerz allein schon aufgrund der vielen Momente des Zusammenbleibens.

Herzschmerz beginnt in dem Augenblick, in dem von uns verlangt wird loszulassen, wir das aber nicht können; das heißt, mit anderen Worten gesagt, dass er jeden einzelnen Tag einfärbt, bevölkert und verschlimmert. Herzschmerz ist keine Heimsuchung, sondern ein Weg, dem Menschen auch im Verlaufe des durchschnittlichsten Lebens folgen. Herzschmerz ist ein Anzeichen für unsere Aufrichtigkeit: in einer Liebesbeziehung, in einem Lebenswerk, beim Lernen eines Musikinstruments, in dem Versuch, ein besseres, großzügigeres Ich auszubilden. Herzschmerz ist die schöne hilflose Seite von Liebe und Zuneigung, und er ist ebenso sehr eine Essenz und ein Wahrzeichen von Fürsorge wie das schnelle, jedoch abstrakte Vermögen des spirituellen Athleten loszulassen. Herzschmerz besitzt seine eigene Weise, Zeit zu beanspruchen, und seine eigene schöne und ermüdende Ausdauer beim Kommen und Gehen.

Herzschmerz lässt uns reifen. Doch wir verwenden das Wort Herzschmerz so, als würde dieser nur dann auftreten, wenn Dinge schiefgelaufen sind: eine unerwiderte Liebe, ein zerbrochener Traum, ein viel zu früh verlorenes Kind. Wir hoffen, den Herzschmerz vermeiden, uns gegen ihn wappnen zu können, so wie sich ein Abgrund, auf den man sorgfältig achtet, umgehen lässt. Wir hoffen, einen Standort zu finden, auf dem die Elementarkräfte des Lebens uns so behüten werden, wie wir es gerne gewohnt wären: nämlich dass diese Kräfte uns stets vor den Verlusten bewahren, die alle anderen Menschen ohne Ausnahme seit Anfang der bewussten Zeit erfahren haben. Aber gerade Herzschmerz ist womöglich die Essenz des Menschen, die Essenz der Reise von hier nach dort, auf der wir lernen, uns zutiefst um das zu kümmern, was uns auf diesem Weg begegnet.

Unsere Hoffnung, als Erwachsener Herzschmerz umgehen zu können, ist auf wundervolle und geradezu komische Weise kindisch: Herzschmerz ist so unausweichlich und unvermeidbar wie das Atmen, er ist ein wesentlicher Bestandteil eines jeden Pfades und verlangt bei allen aufrichtigen Unternehmungen eines jeden einen angemessenen Tribut. Möglicherweise gibt es nicht nur kein wahres Leben ohne die rohe Offenbarung von Herzschmerz, sondern auch keinen einzigen Weg, den wir innerhalb eines Lebens einschlagen könnten, der es uns gestatten würde, dem zu entgehen, was wir fantasievoll ein »gebrochenes Herz« nennen, ein Organ, das davon gebrochen wird, dass wir etwas von ihm Festgehaltenes loslassen müssen.

In einem ernüchternden physischen Sinne wird jedes Herz letztlich brechen, als auslösender Grund für den Tod oder weil der restliche Körper zuvor aufgegeben hat und sich das stetige Schlagen des Herzens nicht länger aufrechterhalten lässt. Aber ein Herz bricht auch in einem übertragenen, psychischen Sinne: Es gibt beinahe keinen Weg, dem ein Mensch folgen kann, der nicht zu Herzschmerz führt. Eine Ehe, ein verpflichtender Schwur gegenüber jemand anderem – selbst die beständigste Liebesbeziehung wird immer irgendwann unser Herz brechen. In einer erfolgreichen Ehe kommt es, wie schon gesagt, viele Male zu einem gebrochenen Herz, nur damit die Partner zusammenbleiben können. Wie aufrichtig die Liebe zu einem Kind auch sein mag, Elternschaft wird unvermeidlich die Gussform unserer mütterlichen oder väterlichen Hoffnung zerbrechen. Eine ernst genommene gute Arbeit wird uns oft alles nehmen, was wir haben, und uns immer noch bedürftig zurücklassen. Und letztlich sollte uns gar die mitfühlendste Auseinandersetzung mit uns selbst zu existenzieller Enttäuschung führen, wenn wir ehrlich mit uns sind.

Wird uns klar, wie unausweichlich Herzschmerz ist, dann können wir ihn nicht etwa als das Ende des Pfades oder das Erlöschen der Hoffnung ansehen, sondern als die innige Umarmung der Essenz dessen, was wir uns gewünscht haben oder was wir gerade verlieren. Er bildet die verborgene DNA unserer Beziehung mit dem Leben, umreißt dessen äußere Formen, auch wenn er sich gerade nicht durch eine intime körperliche Erfahrung bemerkbar macht. Er kann uns außerdem wahrhaftig in einem jeglichen Kummer, den wir empfinden, erden und uns dazu veranlassen, mit dem, was uns bleibt, einen Samen zu legen oder das zu würdigen, was wir aufgebaut haben, selbst wenn wir in dessen Ruinen dastehen.

Da Herzschmerz unausweichlich und unvermeidbar ist, fordert er uns womöglich auf, nach ihm Ausschau zu halten und Freundschaft mit ihm zu schließen, ihn als unseren ständigen und lehrreichen Begleiter anzusehen und ihn in der Tiefe seiner Auswirkung rückblickend sogar als den ihm eigenen Lohn zu erkennen. Herzschmerz fordert uns nicht auf, nach einem alternativen Pfad zu suchen, denn es gibt keinen alternativen Pfad. Er ist eine Einführung in das, was wir lieben und geliebt haben, eine unausweichliche und oft wunderschöne Frage, etwas oder jemand, das oder der uns schon immer begleitet hat und uns auffordert, unsere Weise, Dinge festzuhalten, loszulassen – und womöglich ist er eine Vorbereitung auf das letzte Loslassen von allem.

# HILFE

ist etwas, ohne das wir seltsamerweise gerne auskommen würden, als wäre allein schon die bloße Vorstellung von Hilfe eine Störung, welche die Grenzen unserer individuellen Bemühungen verwischt, als könnten wir uns nicht unserer großen Bedürftigkeit stellen, um weitergehen zu können. Wir kommen mit einer absoluten Notwendigkeit von Hilfe zur Welt, wachsen nur durch eine beständige Abfolge von ausgestreckten Händen gut auf und sind als Erwachsene, selbst als kompetente Individuen, für unseren weiteren Erfolg und unsere Möglichkeiten im Leben von anderen abhängig. Selbst der eigenbrötlerischste Schriftsteller braucht einen Leser, der skrupelloseste Gangster braucht einen zuverlässigen Assistenten, der unabhängigste aller Kandidaten einen Wähler.

Das Bedürfnis nach Hilfe verlässt uns nicht nur niemals, wir müssen auch vor jeder einzelnen Schwelle unseres Lebens bei ihren verschiedenen notwendigen Formen in die Lehre gehen. In jedem Stadium sind wir von unserer Fähigkeit abhängig, zu spezifischen Zeiten auf spezifische Weise um eine spezifische Form von Hilfe zu bitten. Selbst am Lebensende hängt die Würde unseres Dahinscheidens von der Bereitschaft anderer ab, uns zu einem guten Tod zu verhelfen. Die Aufrichtigkeit ihrer Hilfe entspricht häufig proportional der Hilfe, die wir ihnen in unserem eigenen Leben haben zukommen lassen. Jede Transformation besteht in ihrem Kern aus der Notwendigkeit, um die rechte Art von Großzügigkeit zu bitten.

Steht eine Geburt ins Haus, so bedeutet das mit Sicherheit, dass wir Hilfe suchen: Wir brauchen einen Platz für die Geburt, Hebammen, einen Arzt, einen Ehemann oder Partner, der anwesend ist, ein Nest, in dem man das Kind willkommen heißen kann, und einen Arbeitsplatz, um das neue Leben unterhalten zu können. Das Neugeborene selbst benötigt Hilfe ohne Ende: Nahrung aus der Brust, nächtliches Aufstehen und Wiegen in den Armen, Windeln wechseln und saubere Wäsche, gebadet werden und eine großes Maß an Kosen und Hätscheln.

Die Eltern jener Hilfsbedürftigen brauchen ihrerseits eine andere Art von Hilfe: ihre eigenen Eltern, die Eltern anderer Kinder, Spielgefährten für das Kind und gelegentlich ausreichende Mengen an Rotwein und unendlich viel Schlaf. Sie benötigen außerdem eine neue Perspektive, eine neue Vorstellung von der nächsten Stufe ihrer Beziehung. Die Romanze ist zeitweilig in den Hintergrund getreten, die Logistik überschattet alles andere. Es gibt alle Hände voll zu tun, doch die Beziehung selbst braucht ebenso eine helfende Hand.

Ob wir Eltern sind oder nicht, gibt es zwei Arten von Großzügigkeit und Hilfe, um die wir in jedem Stadium unserer Existenz unablässig bitten müssen: sichtbare Hilfe und unsichtbare Hilfe. Sichtbare Hilfe ist zumeist praktische oder transaktionale Hilfe: Wir zahlen für eine Unterkunft oder für eine Mahlzeit, oder wir bezahlen jemanden dafür, dass er für uns arbeitet. Aber womöglich ist die zweite, weniger leicht erkennbare, unsichtbare Hilfe wesentlich dafür, dass wir den Schritt ins Unbekannte tun können. Auch wenn wir uns unsichtbare Hilfe im althergebrachten Sinn als eine Intervention von Seiten des Himmels oder von parallelen Welten vorstellen mögen, können wir sie auch auf alltägliche, praktische Weise verstehen: Unsichtbare Hilfe ist die Hilfe, von der wir noch nicht wissen, dass wir sie brauchen. Unsichtbare Hilfe ist die Hilfe, die zu empfangen wir stets noch nicht bereit sind. Alles, was wir tun können, ist, unsere Identität daraufhin auszurichten, überrascht zu werden, auf eine Achtsamkeit jenem gegenüber, das gerade erst kurz davorsteht, von jenseits des Horizonts unseres Verständnisses aufzutauchen.

Dieses überwältigende Bedürfnis nach Hilfe verändert sich in einem menschlichen Leben niemals wirklich, beginnend mit dem ersten Tag, an dem wir aus dem Schoß geboren werden und lautstark nach diesem Gut verlangen. Wir benötigen außerordentliche körperliche Hilfe, um unsere ersten Jahre zu überstehen, weitere Hilfe während unserer Kindheit und außerordentliche emotionale Hilfe sowie Glück, um unsere Jugend durchzustehen. Danach gestaltet sich das Bedürfnis ständiger Hilfe subtiler, auf eine Weise, die dadurch verborgen wird, dass wir der Illusion erliegen, mit einem Mal seien wir nun freie Akteure, die in der Lage sind, auf sich allein gestellt in jenem Winkel des Universums, der uns seine eigenen Antworten erteilt, zu überleben.

Es ist möglich, dass die Fähigkeit, um die Notwendigkeit von Hilfe zu wissen, darüber hinaus zu wissen, wie man diese Hilfe ersucht, und dann – was das Wichtigste ist – um Hilfe zu bitten, eine der grundlegenden transformativen Dynamiken darstellt, die es uns ermöglichen, uns in jede neue Epoche unseres Lebens hineinzuemanzipieren. Ohne zu verstehen, dass wir an jeder entscheidenden Schwelle in unserem Leben einer besonderen Form von Hilfe bedürfen, und ohne eine robuste Verwundbarkeit beim Bitten um diese Hilfe vermögen wir nicht die Tür aufzusperren, die uns den Zutritt zur nächsten Fügung unseres Lebens verwehrt: Wir können uns nicht selbst gebären.

Um sichtbare und unsichtbare Hilfe zu bitten sowie um die richtige Art von Hilfe zu bitten und zu spüren, dass wir als ein lebendiger Mensch nichts weniger als ein Anrecht auf diese Hilfe haben, ja, dass wir sie tatsächlich verdienen, ist womöglich der Antrieb für Transformation an sich. Das Bedürfnis nach Hilfe, unsere größte Verwundbarkeit, ist genau die Pforte, die wir durchschreiten müssen, um uns den kommenden Horizont unseres Lebens zu eröffnen.

Am Ende kommt auch unser Anfang – im althergebrachten Sinne einer Tür, die sich zu einem letzten Unbekannten hin öffnet, wobei eine unsichtbare Stimme versucht uns zu helfen, unseren Frieden mit unserem eigenen Verschwinden zu machen –, kommt eine Hand, die sich uns entgegenstreckt, um uns zu helfen, über den Horizont hinauszugehen, der genauso mysteriös ist wie jener, den wir bei unserer Geburt überquert haben.

# ISTANBUL

ist nach westlicher Vorstellung so etwas wie eine Brücke, ein Kreuzungspunkt, eine Begegnung von Geschichte und Kulturen, ein Hintergrund für Exotik und romanhafte Abenteuer, kann aber gleichzeitig auch eine Schwelle und eine verschlossene Tür sein, eine Brücke ins Nirgendwo, ein Ort, an dem keine Fragen mehr gestellt werden, ebenso wie ein Platz, an dem Fragen beginnen, ein Ort, von dem aus weiterzureisen dem westlichen Geist in der Tat schwerfällt.

Umso intensiver wird Istanbul erfahren, wenn man an einem Ort zwischen dieser und irgendeiner unbekannten Fremdheit steht, auf der Galata-Brücke, während die Sonne auf der einen Seite in den erloschenen Westen zurückfällt und der Mond flammend gelb und dunkelrot über Gefilden aufgeht, die wir willkürlich als den Osten bezeichnen. Zwischen dem Bekannten und dem Unbekannten lebt und atmet Istanbul wie ein echter Mensch, während die Balustraden der Brücke von einem Ballett aus Fischern wimmeln, die ihre langen Ruten im Einklang über ihre Köpfe rückwärts krümmen und ihre Leinen dann in das kabbelige, von Booten durchpflügte Wasser des Goldenen Horns fallen lassen. Istanbul weiß, woher es kommt, weiß aber noch nicht, wohin es geht.

Südlich und westlich von Istanbul liegen die Ruinen von Troja, die seit dreitausend Jahren vom abendländischen Geist verklärt worden sind. Noch weiter südlich zieht sich ein Band von modernen Ferienorten die Küste entlang, Orten, die heute europäischen Invasionen einer anderen Art ausgesetzt sind. Wo sich die Küste nach Osten hin wendet und beginnt, den Norden von Zypern zu streifen, entschwindet sie gänzlich dem westlichen Bewusstsein: Nur wenige im Westen wissen, wo die Türkei an Syrien grenzt. Noch weniger ist über das Innere des Landes bekannt. Die Türkei ist für den westlichen Geist eine Peripherie, während Istanbul eine überfüllte Brücke in ein Zentrum darstellt, das für die westliche Vorstellungskraft nicht so recht existiert.

Istanbuls eigene Peripherie ist mit neuen Hochhäusern gespickt, die im schwindenden Licht glitzernd aus dem Westen winken. Die Zukunft scheint vom Rand her vorzudringen, als belagere sie ein älteres, ja noch altertümlicheres Istanbul. Das Herz der Stadt schlägt weiter im Labyrinth von Straßen und Bazaren, in denen sich Gewürze und die farbigen Spektren von Safran und Kurkuma hoch auftürmen sowie die prächtigen Stoffe und die verkanteten, rotgoldenen, reinen und klebrigen Honigwaben hoch aufgestapelt liegen.

Spaziert man durch den Gewürzmarkt von Istanbul, wird man nach der antiseptischen Verpackung des entwickelten Westens von einer schreiend herbeirufenden, aufdringlichen, liebevollen, neidischen, flehenden, bettelnden und lachenden Menschheit umfangen. Wenn man den Duft und den Anblick der Stände einatmet, beginnen die verkümmerten Sinne zu knospen und zu erblühen angesichts der frisch gebratenen, sparsam auf Fladenbrot verteilten Fische von den auf dem glitzernden düsteren Wasser festgetauten Booten, angesichts der verflochtenen Tunnel von Geschäften, die zu weiteren überdachten Geschäftsgassen im Großen Bazar führen. Stapel von Granatäpfeln, Berge von Kurkuma und Stände umwabernde Düfte von Safran erinnern daran, dass wir niemals nur eine Sache sind, niemals nur ein Satz von Sinnen, dass wir nicht nur einen Namen haben: dass wir Konstantinopel und Istanbul, und auch noch Stambul sind und diesen Grenzbereich zwischen Vergangenheit und Gegenwart unser ganzes Leben lang mit uns herumgetragen haben, so wie diese Stadt es getan hat. Wir sind eine Ökologie inmitten von hundert anderen Ökologien, ein lärmender Treffpunkt, eine Brücke, die von einer unmittelbar wahrgenommenen äußeren Welt zu einem indirekten, unbekannten und bislang unausgesprochenen Inneren führt. Wir leben jetzt, aber unsere ganze Geschichte und selbst unsere Zukunft ereignen sich bereits, während wir durch die Straße gehen und in das jubilierende Abendlicht eines Tages hinein verblassen, der seltsamerweise und sogar widerwillig bereits zu vergehen beginnt.

# KRISE

lässt sich nicht vermeiden. Wie durch irgendeine unausgesprochene Parallele, irgendeinen Gezeitenfluss oder ein unterirdisches Magnetfeld scheint jegliches menschliche Leben irgendwann zum rohen dynamischen Kern seines Daseins hingezogen zu werden, als sei alles Bisherige nur Vorbereitung gewesen auf diese eine Begegnung, auf eine Konfrontation in elementarer Form mit unserer wesentlichen Schwachstelle und mit dem, was ein Individuum bis dahin nur in abgemilderter, interpretierter oder verdünnter Gestalt anzunehmen vermochte.

Diese Erfahrung des unabdingbaren Kontakts mit einer essenziellen verborgenen Dynamik, die nun als wesentlich für unser Leben begriffen wird, die oft ignoriert wurde, sich jetzt aber bemerkbar macht, in der die spürbare Rohheit des Lebens Teil des alltäglichen Gefüges wird und eine robuste lichte Verletzlichkeit mit der notwendigen, unmittelbaren und unausweichlichen Aussicht auf Verlust durchschossen wird, sie wird seit Jahrhunderten als die dunkle Nacht der Seele beschrieben: La noche oscura del alma. Aber möglicherweise ließe sich diese dunkle Nacht als ein Aufeinanderprallen von zwei riesigen Sturmfronten beschreiben, als die böige schutzlose Schnittstelle zwischen dem, was Menschen von innen überwältigt, und dem, was sie von außen niederringt.

Die Wellenform, die einen reifenden Menschen von innen überwältigt, ist die unausweichliche Natur seiner eigenen Makel und Schwächen, seiner Selbsttäuschung und seines Versuchs, falsche Namen und Geschichten zu erfinden, um sich einen Platz in der Welt zu schaffen – seines dringenden Bedürfnisses, den Handlungsstrang der Geschichte um sich herum zu kontrollieren, ohne Enthüllungen von außen Rechnung zu tragen. Die riesige äußere Welle ist die Einladung, dieses Ich aufzugeben, sich von der Welle davontragen und von dem machtvollen Fluss umbenennen, entlarven und neu ordnen zu lassen.

Zwischen diesen beiden Seiten auf dem schmalen Grat des Pilgers zu gehen, beide zusammenzuhalten, dieser Verortung standzuhalten, beide Seiten zu atmen, eine Welt aus beiden zu erschaffen und sich aktiv an ihrem Austausch zu beteiligen, ist das Allerschwierigste angesichts unseres Bedürfnisses, gebraucht zu werden, unseres Wunsches, gesehen zu werden, unseres unablässigen Verlangens nach Hilfe und Beistand – dabei aber in einer Welt von Leuchtkraft und Eindringlichkeit zu wohnen, Wind und Wetter ausgesetzt, von der Musik des Daseins umgeben und in der Lage, sich von der lebendigen Welt finden zu lassen und, wenn nötig, in einem wilden selbstvergessenen Vermögen auf ihren Ruf zu antworten. Es ist im Grunde ein Probedurchlauf des Sterbeaktes, ein Ort, an dem innen und außen sich umkehren und ohne vorgegebene Form fließen können.

# LEUGNUNG

ist ein total unterschätzter Seinszustand. Leugnung ist eine ständig gegenwärtige und sogar formidable Sache, wenn wir sie im Lichte ihrer gnadenvollen und elementaren Kräfte, eine Identität zu hätscheln und zu wiegen, bis sie bereit ist weiterzugehen, betrachten. Angesichts der Tiefe von Verlust und Vergänglichkeit im durchschnittlichen Leben ist ein gewisses Maß an Leugnung kreativ, notwendig und voller Mitgefühl für einen selbst: Kinder sollten nicht wissen, dass sie eines Tages sterben werden, und Erwachsene sollten ihnen das nicht sagen. Die Weigerung, uns dem zu stellen, wozu wir noch nicht bereit sind und womit wir noch nicht umzugehen vermögen, kann uns helfen, Schwierigkeiten der Gegenwart, von denen es mehr als genug gibt, durchzustehen.

In vollem Maße erfahrene Leugnung ermöglicht uns zudem, den ganzen Umfang unseres Widerstrebens, hier zu sein, zu verstehen, und sie wird dann zu einem Pfad der Selbsterkenntnis, zu einer Weise, auf das zu achten und das zu würdigen, was danach verlangt, gesehen zu werden. Leugnung ist ein wunderbarer Übergangszustand, in dem jeder Mensch verweilt, bevor er sich in den nächstgrößeren Rahmen hineinemanzipieren kann, und in dem er sich, oft gegen seinen Willen, seinem alten und sehr vertrauten Zuhause entfremden wird.

Leugnung ist im menschlichen Leben allgegenwärtig und unvermeidbar, selbst im vollkommensten Guru, sogar im Dalai Lama. Sie ist eine notwendige Dynamik, mit der die überwältigenden Elemente eines auf uns lauernden erschreckenden Universums für den Moment in Schach gehalten, hinter dem Horizont gehalten werden können. Leugnung ist uns allen eigen, und wir sollten sie nicht leichtfertig aufgeben.

Leugnung kann ein Gefängnis sein, wenn sie auf allzu verhärtete und unbewegliche Weise gelebt wird, aber Leugnung ist auch ein notwendiges Sprungbrett und eine mitfühlende Grundlage für die Betrachtung all jener, die nicht in der Lage sind, den nächsten mutigen Schritt zu wagen.

Leugnung kann eine schöne Haut sein, die man von sich abstreift und sichtbar hinterlässt, worauf sie sogar andere, die uns in unserer abgelegten Kleidung folgen, schmücken und glücklich machen kann. Die wahre Natur unseres Widerstrebens zu verstehen, indem wir es beobachten und uns unsere Leugnung dann zu eigen machen, bedeutet, einen direkten Einblick in das Bedürfnis der Seele nach Teilhabe zu gewinnen.

Wir alle leben mit zeitweiligen Namen und vorübergehenden Geschichten, die uns gestatten, die Luft der Gegenwart zu atmen, während wir uns Auge in Auge mit den gewaltigen Kräften sehen, die unseren unmittelbaren Verständnishorizont ausmachen. Durch die Kraft der Aufmerksamkeit und Entschlossenheit hinsichtlich dieses Horizonts findet Leugnung ein natürliches Ende. Es ist viel besser, auf das zu achten, was nach unserer Aufmerksamkeit verlangt, als zu versuchen, uns das anzuschauen, was wir per definitionem nicht anzusehen bereit sind.

In Leugnung zu leben, heißt, in sehr guter Gesellschaft zu leben. Leugnung ist die Wegkreuzung zwischen Wahrnehmung und Bereitschaft. Leugnung zu leugnen, heißt, Kräfte in unser Leben einzuladen, auf die wir noch nicht vorbereitet sind.

# NAH

ist, was wir meistens sind: dem Glück sind wir nah, einander nah, dem Weggehen nah, den Tränen nahe, Gott nah, nahe daran, unseren Glauben zu verlieren, nah an der Vollkommenheit, nah daran, etwas zu sagen, oder nah daran, Erfolg zu haben, und sogar – mit dem größten Gefühl von Befriedigung – nah daran, die ganze Sache aufzugeben.

Unser menschliches Wesen liegt nicht im Ankommen, sondern darin, beinahe dort zu sein: Wir sind Geschöpfe, die auf dem Weg sind; unsere Reise ist eine Reihe von bevorstehenden voraussichtlichen Ankünften. Wir leben, indem wir unbewusst die umgekehrte Distanz unserer Nähe messen: eine Vertrautheit, die kalibriert wird durch die Verletzlichkeit, die wir beim Aufgeben unseres Gefühls des Getrenntseins empfinden.

Über unsere gewöhnliche Identität hinauszugehen und näher zu kommen als nah, heißt, unsere Ichempfindung in zeitweiliger Freude zu verlieren, eine Art von Ankommen, das uns nur für tiefere Formen von Vertrautheit öffnet, die unsere festen, kontrollierenden Oberflächenidentitäten verschwimmen lassen.

Bewusst nahe zu kommen, ist eine mutige Art einseitiger Abrüstung, ein Aufs-Spiel-Setzen unserer Rüstung und unserer Liebe, eine Bereitschaft, Zuneigung zu riskieren, und eine unbewusste Erklärung, dass wir dem unausweichlichen Verlust, den die Verletzlichkeit durch Nahsein mit sich bringen wird, womöglich gewachsen sind.

Menschen finden ihre Essenz nicht durch Verwirklichung oder letztliches Ankommen, sondern indem sie der Weise, auf die sie zu reisen lieben, der Weise, auf die sie das Gespräch führen zwischen dem Grund, auf dem sie stehen, und dem Horizont, zu dem sie unterwegs sind, nahe bleiben. Wir sind tatsächlich immer nah, immer dem letzten Geheimnis nah: dass wir in unserem einfachen Wunsch, einen Weg zu finden, realer sind als jegliches Ziel, das wir je erreichen können. In dem Schritt zwischen dem Nichtverstehen und dem Verstehen dieser Tatsache kommen wir dem Glück so nahe, wie es irgend geht.

# NOSTALGIE

ist die ankommende Wellenform einer dynamischen Vergangenheit, die von einem Gemüt und einem Körper, welche endlich bereit sind, mit etwas ins Reine zu kommen, das tatsächlich geschehen ist, neu erinnert und sogleich neu vorgestellt wird. Nostalgie untergräbt die Gegenwart durch ihre überwältigende physische Verbundenheit mit einer Person oder einem Ort, mit einer Zeit, in der wir gelebt haben, oder mit einem Menschen, mit dem wir zusammen waren, sodass wir uns bei diesem Zusammentreffen von Vergangenheit und Gegenwart fragen, ob es die Zeit dazwischen überhaupt gegeben hat. Nostalgie kann sich anfühlen wie eine Schwäche, eine Krankheit, eine Überschwemmung durch Kräfte, welche die unseren übersteigen, die aber seltsamerweise Kräfte sind, welche die ganze Zeit mit uns und in uns gelebt haben.

Nostalgie ist keine Schwärmerei. Nostalgie sagt uns, dass uns eine Offenbarung unmittelbar bevorsteht, die dabei ist, die gegenwärtigen Strukturen, welche von der Art und Weise, wie wir uns erinnern, zusammengehalten werden, zu durchbrechen. Sie ist etwas, das wir glaubten verstanden zu haben, das wir aber eben erst völlig zu verstehen beginnen, etwas, das wir bereits erlebt, aber noch nicht vollständig gelebt haben, das nicht aus unserer Zukunft hervorgeht, sondern aus etwas bereits Erfahrenem, aus etwas Wichtigem, dem wir jedoch nicht ausreichend Bedeutung beigemessen haben, etwas, das jetzt noch einmal gelebt werden will, und zwar in einer Tiefe, zu der es uns ursprünglich eingeladen hat, der wir uns jedoch anfangs widersetzt haben. Nostalgie ist kein Eintauchen in die Vergangenheit; Nostalgie ist vielmehr die erste Ankündigung des bevorstehenden Endes der Vergangenheit, wie wir sie kennen.

# PARALLELEN

sind nicht das, was wir denken. Sie existieren nicht wirklich, außer im mathematischen Sinne und als eine durchzuspielende Vorstellung. Da es in der realen Welt bereits kaum möglich ist, dass sich irgendetwas in einer echten geraden Linie bewegt, denken Sie daran, wie unmöglich es ist, dass sich zwei Dinge gemeinsam in zwei geraden parallelen Linien bewegen. In der menschlichen Vorstellung ist eine Parallelwelt nicht eine Welt, welche die Welt, in der wir leben, nachbildet oder ihr genaues Gegenteil ist, sondern eine, die sich durch viele andere Möglichkeiten und Dimensionen windet und sie durchfließt, wobei sie irgendwie auf die Welt, die sie überschattet, verweist und sie begleitet. Das parallele Leben ist so unvorhersehbar und ungewiss wie jenes, das ihm vermeintlich das Leben geschenkt hat.

Wenn wir also von Parallelen sprechen, sprechen wir von begleitenden Möglichkeiten, wie von einem Leben oder von einem Partner, für das oder für den wir uns nicht entschieden haben, von der Absage an ein ungewisses anderes Leben, das dieses sichere und vertraute gegenwärtige Leben beeinflusst. Wir entwickeln uns im gleichen Maße mit der Parallele wie mit der Gegenwart. Im Lauf der Jahre verändert sich unsere Beziehung zu dem nicht eingeschlagenen Weg oder zu der Person, für die wir uns nicht entschieden haben, genauso sehr wie die Wege sich verändern, denen wir nachgegangen sind. Es gibt viele Sterbebetten, auf denen der nicht eingeschlagene Pfad weitaus realer und präsenter ist als der tatsächlich gewählte, auf denen die verlassene Frau oder der verlassene Mann weitaus realer ist als die Ehefrau oder der Ehemann, mit denen man pflichtbewusst viele Jahre zusammengelebt hat.

Und dann ist da noch die Frage der Tiefe. Wir haben vielleicht einen bestimmten Weg eingeschlagen, jedoch nur halbherzig, ohne Überzeugung, ohne Aufopferung, ohne Tapferkeit oder ohne Aufrichtigkeit. Die unterschwellige Tiefe unter unserem oberflächlichen Ansatz wartet auf uns wie eine Einladung und wie ein Vorwurf: Sie ist auf der einen Seite wie ein von einem Kliff aus gesehener Ozean, ein anderes Leben, das dieses gegenwärtige Leben geprägt hat, und ein Ansporn zu Kühnheit und zu einer tieferen Teilhabe, wenn wir realisieren, wie stark das andere Leben in diesem jetzigen atmet. Andererseits ist diese Tiefe, wenn sie bis ins Abstrakte hinein auf Abstand gehalten wird, eine Quelle von Scham, ein Leben ohne Mumm, ungelebt und missverstanden, wiesehr es uns auch verschwörerisch ins Ohr geflüstert haben mag. Ein paralleles Leben, das wir niemals wirklich in unser eigenes eingeladen haben.

# PILGER

ist ein Name, den wir jedem Menschenwesen zumindest zeitweilig als treffende Beurteilung seines Wesenskerns geben könnten: ein Fremder, dem man im Vorübergehen zuwinkt oder dem man auf dem Weg begegnet, jemand, der immer sehr schnell auf der Durchreise ist, jemand, der auf seinem Weg anderswohin ist, wobei er niemals so recht weiß, ob das Ziel oder der Weg für ihn das Wichtigste ist, jemand, der unterhalb von alldem nicht wirklich versteht, woher er gekommen ist und wohin er geht, und der sehr oft nicht weiß, woher sein nächster Bissen Brot kommen wird, jemand, der auf die Hilfe anderer Fremder und von Menschen angewiesen ist, denen er auf dem Weg begegnet.

Auf der Reise zu einem Ort jenseits des Horizonts ist ein Pilger beinahe definitionsgemäß jemand, der in einer Welt bevorstehender Offenbarung unterwegs ist, in der gleich etwas geschehen oder offenbar werden wird, wozu – und das macht am meisten Angst – als Teil seiner letztendlichen Ankunft ein seltsamer Probedurchlauf seines eigenen Verschwindens gehören kann.

Der große Maßstab der Pilgerreise zur menschlichen Reife ist das wachsende Verständnis, dass wir in einem Wimpernschlag durch das Leben gehen, dass wir nicht allzu lange das Privileg genießen, Augen zum Sehen, Ohren zum Hören, eine Stimme zum Sprechen und Arme für die Umarmung eines geliebten Menschen zu haben

– dass wir einfach nur auf der Durchreise sind. Wir sind Geschöpfe, die wirklich werden durch Kontakt, Begegnung und anschließendes Weitergehen. Geschöpfe, die Guten Tag und Auf Wiedersehen sagen und die merkwürdigerweise niemals die Wahl zwischen dem einen und dem anderen haben. Das Menschenleben ist ein Kontakt, ein Kennenlernen und dann ein unablässiges Darüberhinausgehen – von den Transformationen, die uns größer und stärker werden lassen, bis hin zu jenen, die uns von einem Verzehrenden zu einem Verzehrtwerdenden machen, von einem Sehenden zu einem Halbblinden, von einem in einer Stimme Sprechenden zu einem in einer anderen Stimme Hörenden.

Die entscheidende Erfahrung im diamantharten Zentrum der Wirklichkeit ist ewige Bewegung als eine wunderbare und beängstigende Einladung: eine lockende Dynamik, die uns auffordert, von diesem zu jenem zu gehen. Das mutige Pilgerleben ist ein Leben, das diesem permanenten den Gezeiten und Jahreszeiten unterworfenen Werden gewachsen ist. Und überraschenderweise liegt all dem ein Stillhalten zugrunde, eine Freundschaft mit der Stille, welche die einzig wahre physische Vorbereitung darauf ist, sich dem atmenden autonomen Austausch des Daseins anzuschließen. Wir bestehen so sehr aus Bewegung, dass wir intuitiv davon sprechen, dass sich das Ziel ebenso in uns wie auch jenseits von uns befindet. Wir spüren, dass wir die Reise entlang des Weges sind: Wir sind derjenige, der die Reise unternimmt, und derjenige, der bereits angekommen ist. Wir rennen noch immer im Haus herum und packen unsere Siebensachen und sind zugleich in unseren Vorbereitungen bereits abgereist und zurückgekehrt. Wir sind auf der Reise allein, und wir stehen unmittelbar davor, den Menschen zu begegnen, die wir seit Jahren kennen.

Wenn wir alle jedoch einerseits Bewegung und Austausch und Kennenlernen sind, sodass eine Weigerung weiterzugehen uns unwirklich macht, so sind wir andererseits auch Gesellen und Gesellinnen mit einem unaufhaltbaren Bedürfnis, unsere Fertigkeiten und unsere Erfahrung, unsere Stimme und unsere Anwesenheit in dem ewigen Jetzt, dem wir auf dem Weg einen Besuch abstatten, zur Geltung zu bringen. Wir wollen während des Reisens doch irgendwo dazugehören und nützlich sein. Wir sind Geschöpfe der Bewegung, aber wir besitzen in dem Fließen etwas Unveränderliches: eine elementare, essenzielle Natur, die einer Person Namen, Stimme und Charakter verleiht, während sie weiterfließt. Wir nehmen unsere erste sprudelnde Quelle und unsere breiten, nachfolgenden Zusammenflüsse und wachsen in dem Gespräch zwischen ihnen im Verlauf des ganzen Wegs bis hin zu unserer Auflösung im Ozean.

Wir überlassen uns diesem endgültigen Ziel als ultimative Initiation in Verletzlichkeit und Ankommen, ohne jemals wirklich zu wissen, was auf der anderen Seite des Übergangs liegt oder ob wir in einer wiedererkennbaren Form überleben werden. Merkwürdigerweise haben wir gerade dort, wo wir in diesem letzten Übergang auf dem Weg ankommen, eine Gelegenheit zu begreifen, wer die Reise unternommen hat, und vermögen wertzuschätzen, welches Privileg es war, als etwas Einzigartiges, als unveränderliche Person gelebt zu haben – eine Weg-Zeit-Linie insgesamt und an sich.

Aus diesem Blickwinkel gesehen, kann es – selbst wenn wir Reisende sind – möglich sein, zu glauben, zuverlässig und verantwortlich zu sein sowie zu etwas Unaussprechlichem zu stehen. Es kann möglich sein, dass wir zu besseren, treueren Gefährten und tatsächlich zu Pilgern auf der erstaunlichen, niemals zu wiederholenden Reise werden, indem wir die kostbare Erinnerung an das Damals mit der erstaunlichen, aber für selbstverständlich gehaltenen Erfahrung des Jetzt verbinden und beide wiederum mit dem Unglaublichen und kaum möglichen unmittelbar Bevorstehenden.

# REIFE

ist die Fähigkeit, in multiplen Zusammenhängen gleichermaßen und vollauf zu leben. Sie ist insbesondere die Fähigkeit, ungeachtet unseres Kummers und unserer Verluste mutig zugleich die Vergangenheit, die Gegenwart und die Zukunft zu leben. Die Weisheit, die aus der Reife erwächst, erkennt man an der disziplinierten Weigerung, zwischen drei machtvollen Dynamiken, welche die menschliche Identität formen, zu wählen oder sie zu isolieren: zwischen dem, was bereits geschehen ist, dem, was nur so aussieht, als geschähe es gerade jetzt, und dem, was in Kürze geschehen wird.

Unreife zeigt sich darin, dass man falsche Entscheidungen trifft, indem man nur in der Vergangenheit oder nur in der Gegenwart oder nur in der Zukunft lebt oder nur in zwei von den drei Bereichen.

Reife ist kein statischer, einmal erreichter Unterbau, keine goldene Epoche, von der aus man das Leben aus der Perspektive einer stillen, erhabenen Oase der Weisheit betrachtet, sondern ein lebendiger elementarer Grenzbereich zwischen dem, was geschehen ist, dem, was jetzt geschieht, und den Konsequenzen unserer Vergangenheit, die man sich zuerst neu vorstellt, bevor sie dann in der uns erwartenden Zukunft gelebt werden.

Reife ist der Zusammenbruch elementarer Grenzen zwischen den verschiedenen Epochen unseres Lebens, zwischen Leben und Tod, zwischen dem Teil von uns, der ein vornehmer, aufrechter Bürger gewesen ist, und den dunkleren, hilflosen Teilen, die Unheil und Verletzung verursacht haben. Reife ist die Zeit, in der diese Gezeitenkräfte zusammentreffen und unser Leben durch sie auseinanderbricht, indem sie aus unserem Bedauern, unserem Selbstmitgefühl und unserer Vergebung ein Leben machen, das zu einer Zukunft geschmiedet wird, welche durch eine radikale Veränderung unseres Verhaltens Wirklichkeit wird. Echte Reife kann nur durch echte Stille aufrechterhalten werden, durch eine tägliche Disziplin der Stille und ein Bewohnen von Geräumigkeit, ein grundlegendes Weggeben. Reife ist die Disziplin des Aufgebens und Verschenkens, um zu sehen, was übrig bleibt und was wirklich ist.

Reife verlangt von uns, uns genauso aufs Spiel zu setzen, wie Unreife es verlangt, aber für eine größere Sache, einen breiteren Horizont, für eine kraftvoll großzügige äußere Verkörperung unserer inneren Eigenschaften, und nicht für Gewinne, die uns selbst beim Gewinnen ärmer machen.

Unser früherer Zustand der Unreife lockt uns immerzu, indem diese uns einen falschen Hafen und eine falsche Bilanz anbietet, eine Pseudosicherheit in dem einen oder anderen Stadium: in einem Versteck und einem Verschwinden in der Vergangenheit, in einer falschen Abtrennung von der Gegenwart oder einer unerreichbar sicheren Voraussage der Zukunft. Aber Reife lockt uns ebenfalls, jedoch indem sie uns auffordert, weiter, flüssiger, elementarer, weniger eingeengt, weniger einseitig zu sein: Sie verlangt von uns, eine lebendige dialogische Intuition zu sein zwischen der ererbten Geschichte, der

Geschichte, die zu bewohnen wir jetzt das Privileg haben, und derjenigen, die uns erstaunlicherweise unmittelbar bevorsteht, wenn wir groß und weit, beweglich und überhaupt ausreichend präsent sind.

# ROBUSTHEIT

ist ein Wort, das sowohl psychische als auch physische Gesundheit bezeichnet, die Fähigkeit, der Welt mit Elan und Wirkkraft zu begegnen. Robust zu sein, bedeutet, in der sehr stabilen Gegenwart von etwas oder jemand gleichermaßen Robustem körperlich oder schöpferisch präsent zu sein. Robust zu sein, bedeutet, den lebendigen Fluss in etwas oder jemand anderem anzuerkennen. Robustheit ist ein Maß für das lebendige Neuland in einem Gespräch, sei es nun ein physischer Austausch in einem Ringkampf, ein guter Austausch von Ideen in einem Klassenzimmer oder ein Streit daheim in der Küche. Ohne Robustheit werden alle Beziehungen durch ihre Zerbrechlichkeit definiert; sie verdorren und beginnen abzusterben.

Robust zu sein, heißt, etwas jenseits des Umkreises unserer festgelegten Identität zu erproben: über unsere eigenen Gedanken oder die Grenze unseres eigenen Egoismus hinauszugehen. Robustheit und Verletzlichkeit gehören zusammen. Wer robust ist, zeigt sich bereit, Kollateralschäden in Kauf zu nehmen, zeitweiligen Schmerz, Lärm, Chaos oder die zeitweilige Aushebelung unseres Systems zu erdulden. Robustheit heißt, nach beiden Seiten der Linie ausscheren zu können, während wir eine feste geradlinige Absicht verfolgen. Robustheit ist die Essenz der Erziehung: sowohl von Kindern als auch von Ideen.

Eine robuste Reaktion zieht immer die Möglichkeit von Demütigung in Betracht, denn sie ist auch eine Art Glaube. Sie ist ein Gefühl, dass wir die Auswirkung einer stürmischen Begegnung irgendwie überleben werden, wenngleich vielleicht nicht auf die Weise, die wir gewohnt sind.

Ein Mangel an Robustheit deutet auf psychische oder physische Krankheit hin und kann aus sich selbst zehren. Je weniger Kontakt wir mit etwas anderem als unserem eigenen Körper haben, unserem eigenen Rhythmus oder der Weise, wie wir uns das Leben eingerichtet haben, desto mehr Angst können wir vor dem Grenzbereich haben, in dem Lärm, Begegnungen und Veränderungen tatsächlich auftreten. Hinauszugehen und der Welt aufs Neue zu begegnen, heißt, von Isolation, Kummer, Krankheit, den Kräften und Traumata, die uns zuerst dieser Begegnung und einer vitalen Präsenz in der Welt beraubt haben, zu heilen. Wieder robust zu sein, heißt, die Ausreden fallen zu lassen, die wir gebraucht haben, um uns nicht in Gefahr zu bringen, und sich erneut der lebendigen Begegnung zu stellen.

Merkwürdigerweise verlangt Robustheit, dass wir inmitten des Tumults eine ruhige Mitte finden. Ruhe ist etwas, das uns dem Lärm fröhlich begegnen, gerecht angesichts von Ungerechtigkeit oder gelassen angesichts eines Angriffs sein lässt. Wir finden in dieser ruhigen Mitte außerdem die tieferen Grundlagen physischer Präsenz – das weite Feld, das es uns gestattet, eine weite multikontextuelle Sichtweise der Realität einzunehmen, in der unsere Erfahrung an die einer großen, liebenden, chaotischen, glücklichen Familie heranreicht, die erfüllt von Gezänk, Schrammen, guter Laune und zugeknallten Türen ist –, die alle von dem Bedürfnis nach friedlichen und ruhigen Zeiten genährt werden, bevor wir uns wieder ins Getümmel stürzen. Wenn unsere physische Präsenz auseinanderfällt, muss eine andere Form innerer Präsenz gefunden werden, eine andere Robustheit, die uns die Situation durchstehen lässt. Robustheit ist in den meisten Menschenleben keine Option, denn ihr Gegenteil zu wählen, würde heißen, unsichtbar zu werden.

# ROM

ist lediglich in dem Sinne ewig, in dem das Verschwinden ewig ist. Die sonnendurchglühte Stadt an einem Nachmittag im August ist ein lebendiges Zeugnis dafür, dass nichts in der Form überdauert, in der es zuerst konstruiert oder aufgefasst worden ist. In dem schattierten, schimmernden Licht, das die erste Einladung zum Abend ist, stehen die Ruinen des Forums oder des Kolosseums als Silhouetten eine hinter der anderen, während am Horizont dahinter der Petersdom erleuchtet wird vom letzten Gold der Sonne, die über einer Stadt untergeht, welche für immer im letzten Licht dessen lebt, was zuvor geschehen ist. In Rom ist die Gegenwart nur durch das zugänglich, was dabei ist zu verschwinden.

Rom ist eine Abfolge von Interpretationsversuchen der Vergangenheit durch jede flüchtige Gegenwart. In der Stadt der Pracht, des Prunks, der Macht und des Imperiums finden der spirituelle Materialismus des Vatikans oder das Kolosseum zu ihrer zeitweiligen Besonderheit; sie haben ihren Augenblick, dann sind sie vergangen oder werden vergehen. Hier erreichen menschliche Ideen und menschliches Streben nur als eine schöne Ruine ihre volle Gestalt. Steht man auf dem heißen Straßenpflaster, so zeichnet sich die Statue von Cäsar Augustus gegen den Himmel ab; die Marmorhand winkt eine Zukunft herbei, die niemals eintreten wird und die niemals eintreten könnte, denn die Ewige Stadt ist tatsächlich die Stadt, die am meisten die Hinfälligkeit allen menschlichen Strebens feiert. Was wir uns heute vorstellen oder wovon wir heute träumen, wird niemals genau so geschehen, wie wir es uns wünschen. Die Dinge erlangen ihre vollkommene Schönheit nur in der Abnutzung durch das Wetter, durch die Patina der Oxidation und die Wirklichkeit menschlichen Auftretens und Verschwindens. Was bleibend ist im menschlichen Leben, ist die Aktualität des täglichen Gesprächs, das im Schatten jener Monumente geführt wird, die wir für unsere abstrakten Begierden errichten.

Mit Blick auf die ins Dunkel versinkende, glücklicherweise nicht ewige Stadt wird der Diskurs über unsere Gegenwart und unsere mögliche Zukunft seltsam schön angesichts des Privilegs, inmitten von Verfall und Verschwinden vieler vergangener Zukünfte so flanieren zu können, als seien uns unsere allzu spezifischen Hoffnungen bereits vergeben, da die im Allgemeinen verschönernde Hand der Zeit alles in solch eine vielschichtige und angenehm unspezifische Perspektive setzt. In Rom sagt alles, sotto voce, dass wir zwar unseren Moment in der Sonne haben mögen, wir aber am besten zu verstehen, ja vielleicht am meisten wir selbst sind, wenn wir zu einer schönen Ruine werden, dass wir am wirklichsten sind, wenn wir dabei sind zu verschwinden oder bereits ganz verschwunden sind.

Erst als Gereifte beginnen wir zu verstehen, dass, ganz gleich welche Zitadelle des Denkens oder der Identität wir auch immer aufgebaut und stolz anderen präsentiert haben, welche Monumente für unsere Leistungen wir auch immer zu hinterlassen suchen, niemand von uns die wahre Perspektive kennt, aus der man uns künftig betrachten wird oder aus der das Gedenken an uns Gefallen finden wird – ob wir nun glückliche Italienreisende sind oder nicht, ob wir die sich gerade abkühlenden Straßen entlanggehen oder nicht: Wir alle werden mit Sicherheit, wenn wir lange genug leben, um diese Perspektive zu erlangen, Rom sehen, bevor wir sterben.

# RÜCKZUG

kann die beste Weise sein vorwärtszugehen, und kann, wenn er gut bewerkstelligt wird, ein wunderbar befreiender Akt von Gnade sein – eine Kunstform, die in unserer Zeit ständiger Aktion und Verpflichtungen unterschätzt wird. So vieles von dem, womit wir uns selbst für höchste Dinge einsetzen, wird zu einem Engagement an der geschäftigen Peripherie, wo das zentrale Gespräch an den äußeren Rändern dessen verlorengegangen ist, was anfänglich eine sehr einfache zentrale Einladung war. Rückzug ist oft nicht das, was er zu sein scheint, ein Abtauchen. Nein, sich aus Verstrickungen zurückzuziehen, kann bedeuten, auf eine sehr reale Weise erneut in der Welt zu erscheinen und den Prozess der Erneuerung der primären essenziellen Einladung wieder aufzunehmen.

Auch wenn das Leben darauf aus zu sein scheint, eine schöne und verlockende Ablenkung zu sein – so wie wir eine Ablenkung für andere sind, indem wir sie auf die Probe stellen, so wie wir uns selbst und unsere gegenseitige Aufrichtigkeit auf die Probe stellen –, macht unsere Teilnahme an diesem Tanz der Ablenkung auch unsere Fähigkeit realer und notwendiger, zurückzukehren zu unserer wesentlichen Grundlage, zu einer wesentlichen Person oder einer wesentlichen Arbeit.

Wir halten oft an der falschen Sache fest, nicht weil sie durch weitere Anstrengungen zum Erfolg führen würde, sondern weil wir die Art und Weise, wie wir uns entschieden haben, die Geschichte zu erzählen, nicht loslassen können. Und wir verstricken uns noch mehr, wenn wir versuchen, dem, was uns gefangen hält, einen Sinn zu geben, während es lediglich nötig wäre, sich schlichtweg davon zu trennen.

Uns ganz und gar, abrupt und manchmal kompromisslos rauszunehmen, ist oft der wahre und radikal mutige Aufbruch in die Freiheit. Lösen wir uns von der Leimrute des mythischen Tar-Baby[3], das anscheinend nur für uns mitten auf unserem Weg aufgestellt wurde, beginnen wir allmählich, uns von unseren falschen Feinden und sogar von unseren falschen Freunden zu lösen, und insbesondere von dem falschen Selbstverständnis, das wir geschaffen haben, um mit ihnen leben zu können: Wir überlassen uns einer schlichten Reinigung, die darin besteht, uns selbst und unsere Welt wieder elementarer und daher klarer zu sehen. Wir ziehen uns zurück, nicht um zu verschwinden, sondern um eine andere Ebene zu finden, von der aus wir die Dinge sehen können – einen soliden Grund, von dem aus wir ausschreiten und von dem aus wir wieder auf andere Weise sprechen können: mit einer klaren, ausgeruhten verkörperten Stimme, mit unserem Leben als einer unverhofft emphatischen Aussage, die wir als unsere eigene erkennen können und der wir uns nun absolut nicht mehr entziehen wollen.

3 »Tar-Baby« steht für ein schwieriges Problem, das durch Versuche, sich davon zu befreien, nur noch verschlimmert wird. Der Ausdruck geht zurück auf eine als Falle aufgestellte, mit Teer beschmierte Puppe, an der kleben bleibt, wer sie berührt, aus den ab 1879 erschienenen *Onkel-Remus*-Geschichten von Joel Chandler Harris. Eine Entsprechung in der deutschen Literatur ist das Märchen »Schwan, kleb an« von Ludwig Bechstein. (Anm. d. Übers.)

# RUHEN

ist das Gespräch zwischen dem, was wir gerne tun, und dem, wie wir es lieben zu sein. Ruhen ist die Essenz des Gebens und Empfangens, ein Akt des Erinnerns, imaginativ und intellektuell, aber auch psychisch und physisch. Ruhen bedeutet, Abstand zu nehmen von dem bereits erschöpften Willen mit seinem endlosen nach außen gerichteten Bedürfnis, sich als Hauptmotivator für unsere Bemühungen durch erreichte Ziele zu belohnen. Ruhen bedeutet, das Sorgen und Grübeln aufzugeben und das Gefühl, es sei etwas mit der Welt nicht in Ordnung, solange wir nicht dabei sind, es zu richten. Ruhen heißt, sich im übertragenen wie im buchstäblichen Sinne von unseren Zielsetzungen zurückzuziehen – uns nicht etwa auf ein statisches inneres Ziel im Mittelpunkt der Zielscheibe, auf einen imaginären Zustand vollkommener Bewegungslosigkeit auszurichten, sondern auf einen inneren Zustand natürlichen Austauschs.

Die Vorlage für das Ruhen ist der natürliche Austausch des atmenden Körpers, jenes autonome Geben und Nehmen, das die Grundlage und das Maß des Lebens an sich darstellt. Wir ruhen dann, wenn wir ein lebendiger Austausch sind zwischen dem, was in uns ist, und dem, was sich außerhalb von uns befindet, wenn wir ein einnehmendes Gespräch sind zwischen dem Potenzial, das in unserer Vorstellungskraft liegt, und den

Möglichkeiten, dieses innere Bild in der Welt zu realisieren. Wir ruhen, wenn wir die Dinge und uns selbst in Ruhe lassen und das tun, was wir am besten können – atmen, wie es der Körper vorgesehen hat, gehen, wie wir gehen sollten, im Rhythmus eines Hauses und eines Heims leben, indem wir durch Kochen und Saubermachen geben und nehmen. Wenn wir auf eine einfache, grundlegende Weise geben und nehmen, sind wir dem authentischen Ich am nächsten, und jenem Ich sind wir besonders nahe, wenn wir am stärksten in Ruhe sind. Ruhen ist kein Sich-gehen-Lassen, es heißt vielmehr, sich darauf vorzubereiten, unser Bestes zu geben und, was vielleicht am wichtigsten ist, einen Ort zu erreichen, an dem wir in der Lage sind zu verstehen, was wir bereits empfangen haben.

Im ersten Stadium des Ruhens entsteht ein Gefühl des Innehaltens, des Aufgebens dessen, was wir gerade getan haben oder wie wir gewesen sind. Im zweiten Stadium haben wir das Gefühl, langsam nach Hause zu kommen, ein Gefühl der physischen Reise in das ungezwungene und nicht drangsalierte Ich des Körpers, so als würde man versuchen, sich an den Weg zu erinnern oder gar an das Ziel selbst. Im dritten Stadium gibt es ein Gefühl von Heilung und Selbstvergebung und der Ankunft. Im vierten Stadium erfahren wir das tief im grundlegenden Austausch des Atems verankerte Geben und Nehmen als ein Segnen und ein Gesegnetwerden sowie als die Fähigkeit, sich an beidem zu erfreuen. Das fünfte Stadium besteht aus einem Gefühl absoluter Bereitschaft und Präsenz, des Entzücktseins von der Welt und der Vorfreude auf sie und all ihre Formen, ein Gefühl, als sei man die

Begegnung selbst zwischen innen und außen und als trete dieses Empfangen und Antworten in einer einzigen spontanen Bewegung auf.

Eine tiefe Erfahrung des Ruhens ist in der menschlichen Vorstellungskraft ein Inbild von Vollkommenheit, eine Perspektive, aus der wir in der Lage sind, die äußeren spezifischen Formen unserer Arbeit und unserer Beziehungen wahrzunehmen, während wir durch das gemeinsame grundlegenden Geschenk des Atems genährt werden. Aus dieser Perspektive gesehen, können wir in Ruhe sein, während wir für eine Menge von Gästen ein erlesenes Mahl zubereiten, während wir die höchsten Berge besteigen oder zu Hause mitten im Chaos einer liebenden Familie sitzen.

Derart ruhend, halten wir uns bereit für die Welt, werden von ihr jedoch nicht als Geisel gehalten. Im Ruhen kümmern wir uns wieder um die rechten Dinge und die rechten Leute auf die rechte Weise. Im Ruhen setzen wir uns erneut die Ziele, die uns großzügiger und couragierter werden lassen. Wir sind dann mehr wie eine Einladung, wie jemand, an den wir uns gern erinnern, und jemand, an den einige andere sich ebenfalls gern erinnern würden.

# SCHATTEN

existiert nicht an sich, er wird von einem realen physischen Körper geworfen. Wir mögen sagen, Personen würden von ihrem Schatten überwältigt – ein Harvey Weinstein von seiner Sexualität, ein Richard Nixon von seinem maßlosen Machtgefühl, eine Nation von ihrer Hybris –, aber der Schatten ist passiv, eine Abwesenheit von Licht, eine Gestalt, die von der Kontur der Person gebildet wird. Der Schatten wird durch unsere Präsenz gestaltet; Präsenz ist apriorisch zu unseren Schwächen und Fehlern. Unsere Gestalt zu verändern, bedeutet, die Gestalt des Schattens, den wir werfen, zu verändern. Transparent zu werden, bedeutet, den eigenen Schatten gänzlich zu verlieren. Das ist eine spirituelle Abstraktion, die wir zwar häufig anstreben, die in Wirklichkeit für Menschen aber nicht erreichbar ist. Die Gestalt der Identität zu verändern, die den Schatten wirft, ist eher möglich. Der Schatten ist eine notwendige Folge davon, dass wir in einer sonnenerhellten sichtbaren Welt leben, aber er ist keine zentrale Identität selbst oder eine Macht, die darauf wartet, uns zu überwältigen.

Selbst die segensreichste Präsenz wirft einen Schatten. Keinen Schatten zu haben, bedeutet in der Mythologie, von einer anderen Welt zu sein, nicht wirklich Mensch zu sein, nicht in dieser oder von dieser Welt zu sein. Der Schatten ist etwas, mit dem man im wahrsten Sinne des Wortes leben muss, denn er folgt uns überallhin. Er verdunkelt die Sonne oder den Blick für andere, doch wir können ihn nicht als Ausrede dafür benutzen, nicht präsent zu sein, nicht zu handeln oder nicht durch unsere Präsenz auf andere einzuwirken, auch wenn die Auswirkung manchmal tatsächlich überschattend und schwierig ist. Und wir können ihn auch nicht als Ausrede dafür verwenden, rücksichtslos die Belange anderer zu übergehen.

Mit unserem Schatten zu leben, heißt, zu verstehen, wie wir Menschen in einem Grenzbereich zwischen Licht und Dunkel leben, und sich allmählich der Hauptschwierigkeit zu nähern, dass in diesem Leben keine leuchtende Vollkommenheit möglich ist. Es bedeutet zu verstehen, dass der Versuch, eine solche Vollkommenheit zu schaffen, häufig der Versuch ist, nicht zur Rechenschaft gezogen zu werden, die Ausnahme zu sein, derjenige zu sein, der nicht präsent sein oder nicht teilnehmen muss und der daher nicht verletzen oder verletzt werden kann. Keinen Schatten auf andere zu werfen, bedeutet, die physischen Folgen unseres Auftretens in der Welt zu beseitigen.

Der Schatten ist eine schöne umgekehrte Bestätigung unserer Verkörperung. Der Schatten ist angedeutete Abwesenheit, ja beinahe eine Schablone der Präsenz. Er ist ein Hinweis auf den Charakter unserer Erscheinung in der Welt. Er ist eine Andeutung unserer letztlichen Verletzlichkeit, der Dynamik, von anderen gefunden zu werden, nicht nur mittels des physischen Körpers, sondern durch seine vergänglichen Handlungen, sogar durch seinen Verdunklungseffekt auf andere. Der Schatten macht aus Abwesenheit eine Präsenz, er ist der Schlüssel zu uns selbst und zu jenen, mit denen wir zusammen sind, sogar zu jenen Teilen von uns, die wir noch nicht erfahren haben, die jedoch von anderen bereits wahrgenommen werden. Schatten ist weder gut noch schlecht. Nur unausweichlich.

# SCHENKEN

ist die schwierige und beinahe kontemplative Form einer Kunst, die nur mit Übung gut ausgeübt werden kann. Schenken zu lernen, ist fast immer der schlichte, manchmal herzzerreißende Akt, einfach noch einmal zu schenken. In irgendeiner Beziehung mit dem Schenken aufzuhören, bedeutet, das Ende dieser speziellen Form des Zusammenseins einzuläuten. Schenken mag eine Essenz des Daseins und eine Prüfung unseres Charakters sein. Es stellt tiefgründige Fragen nach unserer Beziehung zu anderen, zu uns selbst und merkwürdigerweise zur Zeit an sich: Sämtliche Geschenke wandeln sich mit der Reife des Empfängers.

Gut, angemessen und oft zu schenken, heißt, eine wunderschöne jahreszeitliche Symmetrie herzustellen zwischen dem Drang in uns, großzügig zu sein, und dem Teil der Welt, der plötzlich überrascht wird und glücklich über das Empfangene ist. Großzügig, aber angemessen zu schenken und – was das Schwierigste von allem und die Apotheose dieser Kunst ist – mit Gefühl spontan und aus dem Augenblick heraus zu schenken, wurde schon immer als eine der höchsten menschlichen Eigenschaften angesehen.

Schenken ist keine leichte Angelegenheit, schenken ist schwierig. Gut zu schenken, ist tatsächlich eine Disziplin, die jahrelanger Übung und Ausdauer bedarf, um richtig ausgeübt zu werden. Zur Ausbildung in dieser Kunst gehört häufig, das Falsche zur falschen Zeit der falschen Person zu schenken und das Gegenteil mit der Zeit sowie durch Ausprobieren zu erlernen. Schenken bedeutet, über die Grenzen der eigenen Bedürfnisse hinauszugehen, es bedeutet, einander und das Leben eines anderen zu verstehen. Besonders wichtig ist dabei, vorbehaltlos anzuerkennen, dass wir unsererseits Empfänger von Dingen sein müssen, die wir oft nicht erkennen, ja, selber nicht finden können.

Schenken besitzt einen weiten Horizont und eine Tiefe, die nur schwer auszuloten ist. Es ist sowohl etwas Zweckmäßiges – denn es schafft Verpflichtungen und Abhängigkeiten, wie sie für unser Gemeinwohl notwendig sind – als auch etwas Wesentliches, da es dem Wesen des Schenkens entspricht, dass die andere Person schlichtweg am Leben ist und es infolgedessen nicht nur ein Privileg ist, den anderen zu kennen, sondern auch ein lebendiges Privileg an sich, dem die erstaunliche Fähigkeit innewohnt, sowohl denjenigen, der schenkt, als auch dasjenige, das geschenkt wird, zu würdigen. Soweit uns bekannt ist, gibt es nirgendwo in der Schöpfung ein anderes Wesen als den Menschen, das die Fähigkeit besitzt, den Geist eines anderen auf diese Weise so vollkommen zu würdigen.

Zu schenken bedeutet, aufmerksam zu sein und einen kreativen Kontakt zu demjenigen herzustellen, den wir beschenken. Es ist eine Form von Aufmerksamkeit an sich, eine Weise, ein anderes Leben außer unserem eigenen zu würdigen und dafür zu danken.

Der erste Schritt des Schenkens mag darin bestehen, Kosten zu überschlagen, eine Liste zu erstellen, ein

Schaufenster oder das Internet zu durchforsten. Doch das Wesentliche geschieht durch das Tor der Kontemplation: der Person, der Wohltätigkeit, der Ursache – durch das Auffinden der Essenz des Bedürfnisses der anderen Person oder der Beziehung. Aus dem Bild, das wir uns auf diese Weise machen, erwachsen die Überraschung des Verstehens und die Fähigkeit, den Empfänger seinerseits zu überraschen, indem man ihm zeigt, dass er von jemand anderem verstanden wird, indem er sogar durch einen kunstfertigen Akt des Schenkens Bedürfnisse zu erkennen vermag, die er sich selbst nicht eingestehen konnte. Der wahre Geist des Schenkens findet sich, indem wir etwas geben, das der beschenkten Person das Gefühl gibt, es nicht ganz zu verdienen, dass wir diesen Aspekt jedoch nicht überspannen, sodass es der angemessene, wenn auch überraschende nächste Schritt in ihrem Leben ist. Solches Schenken entwaffnet, bewegt und ermächtigt zugleich, während es den Schenkenden jenseits von alltäglicher Befriedigung belohnt.

Zu schenken heißt, eine imaginäre Reise zu unternehmen und sich in den Körper, in das Gemüt und in die Erwartung von anderen zu versetzen. Zu schenken bedeutet, unsere eigene Identität in der Welt realer zu machen, indem wir uns in etwas Bestimmtes in einer Person einfühlen sowie etwas Greifbares finden, das diese Eigenschaft darzustellen vermag. Zu schenken heißt außerdem, sich der schwierigen Aufgabe zu widmen, etwas von unserer eigenen Essenz in das, was wir schenken, hineinzulegen. Das perfekte Geschenk kann klein und nicht allzu teuer sein, sollte aber von einer Mitteilung begleitet werden, die den Empfänger berührt. Es kann riesig, extravagant und umwerfend sein, wie ein beherzter Akt an überschwänglicher und leichtsinniger Liebe. Doch angemessen zu schenken, beinhaltet immer einen kleinen Akt der Beherztheit, einen Schritt hin zu einer Begegnung, eine Geste, die sagt: Ich sehe dich und ich mag dich, und dadurch gebe ich unausgesprochen ein Versprechen für die Zukunft.

Es ist daher auch kein Wunder, dass Weihnachtsgeschenke nichts mit solchem Schenken zu tun haben. Geschenke dieser Art sind automatisch, eine lästige Pflicht, sie beruhen auf einem Streifzug durch Kaufhäuser; sie erschöpfen uns, kosten uns Kraft, und sie beleidigen letztlich auf subtile Weise denjenigen, dem wir endlich den wahllos ausgesuchten Gegenstand schenken.

Besser ist es, lange Zeit daheim im Sessel zu sitzen und still jene zu kontemplieren, die wir beschenken wollen, wobei wir nach der einfallsreichen Pforte Ausschau halten, die dem anderen sagt, ich kenne dich und ich sehe dich, und auf diese Weise möchte ich mich für dein Dasein bedanken. Das kann uns zu dem perfekten Objekt führen, uns aber stattdessen auch dazu bringen, eine kurze von Herzen kommende Botschaft zu schreiben, mit der wir den Platz des anderen in unserem Leben würdigen. (Nota bene, bei Kindern lässt sich das selten anwenden!)

Klischees sind nur deshalb Klischees, weil sie so häufig auf hartnäckige Weise wahr sind. Es ist der Gedanke, der zählt, aber vielmehr noch ist es der Einfallsreichtum hinter dem Gedanken, der zählt, der durch Geschenke greifbar wird, die ihre Bestimmung dadurch finden, doppelt gesegnet zu sein.

# SCHICKSAL

hat immer einen Eigentümer; wie in »mein Schicksal« oder »dein Schicksal« oder »ihr Schicksal«. Das Wort vermittelt ein Gefühl von etwas, das wir nicht vermeiden können oder das uns erwartet; es ist ein Wort wie aus einem Märchenbuch oder aus einem Mythos. Es wird in unserer alltäglichen Konversation kaum benutzt; es ist ein Wort, das zum Glauben oder Unglauben einlädt: Wir bestreiten, dass die Ereignisse durch irgendeine schicksalhafte unsichtbare Macht gestaltet werden, oder wir akzeptieren, dass eine höhere Macht als die unsere zu existieren scheint, eine Macht, die am Rande jedes noch so durchschnittlichen Lebens am Werk ist. Aber von Schicksal zu sprechen, beschert uns nicht nur ein Gefühl für unsere eigenen Möglichkeiten, sondern lässt uns auch unsere Schwächen erahnen, und wir spüren, darin mit Shakespeare einig, dass das, was im menschlichen Charakter unaufgelöst oder unausgesprochen ist, die besseren Anteile unserer selbst überwältigen kann.

Wenn wir zwischen diesen beiden Polen, dem mythischen Triumph oder einem uns vorbestimmten Versagen wählen, laufen wir Gefahr, die Bedeutung des Wortes Schicksal in unserer alltäglichen Konversation zu verfehlen: die Vorstellung von einer Zukunft, die genau dadurch beeinflusst wird, wie wir mit dem Leben selbst im Gespräch sind, ganz gleich, auf welche Weise wir handeln oder es versäumen mögen zu handeln. Auf zwei

Menschen, die einfach nur eine radikal unterschiedliche Anschauung der Zukunft haben, wartet eine vollkommen unterschiedliche Zukunft, ungeachtet ihrer unmittelbaren Handlungsweise. Selbst daselbe Vorgehen wird, wenn es einer unterschiedlichen Gesprächsführung entspringt, ganz unterschiedliche Ergebnisse zeitigen. Wir werden durch unsere Gestaltung der Welt geformt, und sie gestaltet wiederum uns. Die Art und Weise, wie wir der Welt gegenübertreten, wandelt das Antlitz, das die Welt uns widerspiegelt.

Seltsamerweise leben alle Menschen, ganz gleich, was sie tun, ihr Schicksal demgemäß aus, wie sie das Gespräch mit der Welt gestalten. Doch dieses Schicksal kann auf der Ebene von Erfüllung oder völliger Frustration ausgelebt werden, entweder als Heimkehr oder als Entfremdung durch ein Exil – oder, was wahrscheinlicher ist, als eine Schattierung des Spektrums zwischen diesen beiden Möglichkeiten. Es ist immer noch unser Schicksal, unser Leben, aber das damit verbundene Gefühl von Befriedigung sowie die Möglichkeit, die Verheißung dieses Schicksals zu verwirklichen, können von unserer unerschrockenen Teilhabe abhängen, von einer Bereitschaft, uns selbst in einer schwierigen Welt aufs Spiel zu setzen, einer gewissen Form von wilder Großzügigkeit mit unseren Begabungen, einer Vertrautheit mit unserer eigenen Tiefe, der Entdeckung unserer eigenen überraschenden Weite und immer von einer lange durchgehaltenen und robusten Verletzlichkeit, die dem gewachsen ist, was eine wie auch immer geartete Zukunft uns bringen mag. Unser Schicksal wird nicht nur von höheren Mächten jenseits des uns einladenden Horizonts gestaltet, sondern von ebender Weise, auf die wir die alltäglichen Gespräche eines uns vertrauten Lebens ausformen.

# SCHMERZ

ist die Pforte zum Hier und Jetzt. Körperlicher oder emotionaler Schmerz ist eine ultimative Form einer Grundlage, die faktisch jedem von uns klarmacht, dass es keinen anderen Ort gibt als diesen Ort, keinen anderen Körper als diesen Körper, keine anderen Gliedmaßen oder kein anderes Schmerzgefühl oder Stechen oder keinen anderen Herzschmerz als diese sengende Präsenz, die sich weigert aufzuhören. Schmerz verlangt von uns zu heilen, nicht nur indem wir uns auf die Stelle konzentrieren, wo der Schmerz empfunden wird, sondern auch auf die konkrete Weise, auf die der Schmerz empfunden wird. Schmerz ist eine Form von Wachheit und Eigentümlichkeit. Schmerz ist ein Weg nach innen.

Durch das radikale Verhängnis wiederkehrenden Schmerzes und die Schwächung durch diesen machen wir wieder Bekanntschaft mit der Wesensart von Ort und Zeit und des Daseins selbst. Erleiden wir starke Schmerzen, so haben wir lediglich für das Energie, was wir von ganzem Herzen tun können und was – metaphorisch oder physisch gesprochen – innerhalb eines begrenzten Bewegungsradius noch möglich ist: vom Zubinden der Schnürsenkel bis hin zum Aufrechterhalten einer grundlegenden verbalen Kommunikation, die uns innerhalb des engen Kreises derer, die wir lieben, wechselseitig stärkt. Schmerz lehrt uns eine subtile Sparsamkeit: in der Bewegung, in der Zuneigung des Herzens, in dem, was wir von uns selbst verlangen, und schließlich in dem, was wir anderen abverlangen.

Die schönen Demütigungen durch den Schmerz machen uns auf natürliche Weise demütig und zwingen uns, die Maske der Verstellung abzulegen. Im echten Schmerz haben wir keine andere Wahl, als zu lernen, täglich um Hilfe zu bitten. Schmerz zeigt uns unsere Zugehörigkeit und dass wir nicht ewig allein und in Isolation leben können. Schmerz lässt uns verstehen, wie sehr wir aufeinander angewiesen sind. In echtem Schmerz haben wir oft nichts anderes zurückzugeben als unsere eigene Dankbarkeit, ein Lächeln, das vielleicht halb wie eine Grimasse aussieht, oder die flüchtige Freundschaft eines Moments der Dankbarkeit mit einem hilfsbereiten Fremden. Und Schmerz kann auch eine Einführung in wahre Freundschaft sein, denn er prüft jene Freunde, die wir bereits zu haben glauben, macht uns aber auch mit jenen bekannt, die uns überraschend und neu zur Hilfe kommen.

Schmerz ist der erste richtige Schritt zu wahrem Mitgefühl. Er kann zur Grundlage für ein Verständnis all jener werden, die mit ihrer Existenz ringen. Wenn wir selbst echten Schmerz erfahren, findet unsere moralische Überlegenheit ein Ende. Wir hören auf, andere zu drängen, in die Gänge zu kommen, sich zusammenzureißen oder die Kurve zu kriegen, und wir beginnen nach einer besonderen Form von sichtbarer oder unsichtbarer Schwächung zu suchen, die zu überwinden sich jeder Mensch bemüht. Im Schmerz entdecken wir plötzlich verständnisvoll und mitfühlend, weshalb andere es schwer finden mögen, sich voll und ganz einzubringen.

Sonderbarerweise verlangt der verengte Fokus, der die zentrale schwierige Einladung von körperlichem Schmerz ist, von uns eine erweiterte Perspektive, einen größeren und großzügigeren Sinn für Humor. Aus der großen Perspektive gesehen, ist wahrer Schmerz niemals weit von wahrem Lachen entfernt – über uns selbst oder für einen anderen, der dieses Ich beobachtet –, Lachen über die missliche Lage oder die physische Absurdität, die zu einer täglichen Erfahrung geworden ist. Schmerz macht aus dem alltäglichen Leben mit dem Körper ein Drama, und es wird deutlich erkennbar, wie wir auf die Bühne und ins Scheinwerferlicht treten. Wir sind für andere auf eine Weise sichtbar, die uns, mal hier humpelnd und uns mal da anlehnend, keine Wahl lässt.

Schmerz ist letztlich auch Wertschätzung – zumeist vor allem der einfachen Möglichkeit und des Geschenks, ein schmerzfreies Leben zu leben. Alles Weitere ist ein Bonus. Andere wissen nicht, was für ein Geschenk es ist, einfach nur gesund zu sein, unbewusst die Freiheit zu besitzen, sich zu bewegen, zu gehen oder zu laufen. Schmerz ist ein einsamer Pfad; niemand kann um das Ausmaß unserer besonderen Qualen wissen, aber durch den Schmerz haben wir die Möglichkeit – nicht mehr als die Möglichkeit –, andere so zu erkennen, wie wir uns selbst unter so vielen Schwierigkeiten und durch so viel Leiden erkannt haben.

# SCHÖNHEIT

ist die Ernte der Gegenwart, der flüchtige Augenblick, in dem wir im Außen das sehen oder hören, was schon seit langem tief in uns lebt. Die Augen, die Ohren oder die Vorstellungskraft werden unversehens zu einer Brücke zwischen dem Hier und dem Dort, zwischen dem Damals und dem Jetzt, zwischen dem Innen und dem Außen. Schönheit ist das Gespräch zwischen dem, von dem wir annehmen, dass es draußen in der Welt geschieht, und dem, was im Begriff ist, sich tief in unserem Inneren zu ereignen.

Schönheit ist sowohl ein verwirklichter Zustand von großer Aufmerksamkeit als auch von Selbstvergessenheit: der Selbstvergessenheit des Sehens, Hörens, Riechens und Berührens, die unsere Trennung, unseren Abstand, unsere Angst vor anderen ausradiert. Durch Verzückung lädt uns Schönheit ein an jene beängstigende Grenze zwischen dem, wovon wir glauben, dass es uns ausmacht, und dem, wovon wir glauben, dass es die Welt ausmacht. Schönheit findet sich beinahe immer in Symmetrien und faszinierenden Asymmetrien: den Symmetrien und Asymmetrien, auf die man draußen in der Schöpfung trifft – die Flügel eines Nachtfalters, der luftige Himmel und die feste Erde, die konzentrierten Augen eines geliebten Gesichts, in denen wir unser eigenes Ich gespiegelt sehen. Wir finden Schönheit deshalb auch in der Symmetrie, welche die innere und äußere Würdigung zusammenführt, die den weiten Horizont eines Andersseins, das in jenem Gesicht erkannt wird, mit dem tiefen inneren Horizont unseres eigenen Seins verbindet. Schönheit ist eine innere Beschaffenheit und eine äußere Beschaffenheit, die gemeinsam in einem Gesicht leben.

Schönheit tritt insbesondere dort auf, wo Zeit und Zeitlosigkeit sich begegnen. Der vergehende Augenblick wird von dem, was geschehen ist, und dem, was sich gleich ereignen wird, eingerahmt: die vom Wind verstreuten ersten Apfelblüten im Frühling; der taumelnde und kreiselnde Flug eines krausen Blattes im schwindenden Licht; das Glattstreichen weißer sonnendurchfluteter Laken durch sorgfältige Hände, die sie draußen auf die Leine klammern; die große Ausdehnung der Baumwolle, die von der Brise nur für einen Augenblick gebläht wird; die Laken, die dem Trocknen entgegensegeln, die sich einer Zukunft entgegenblähen, welche immer verlockend, immer gerade jenseits von uns ist. Schönheit ist die Ernte der Gegenwart.

# SEHNSUCHT

ist die Verklärung des Alleinseins, der schutzlose innere geheime Kern einer Person, die ihre überfällig gewordene Einladung vom Mond, von den Sternen, dem nächtlichen Himmel und den großen Gezeitenströmen des Lebens und der Liebe empfängt. Sehnsucht ist göttliche Unzufriedenheit, die unerträgliche Gegenwart, die eine physische Tür zu Ehrfurcht und Entdeckung findet, die Angst und Mut macht, uns demütigt und lockt, uns zu Pilgerseelen macht und uns auf eine Straße stellt, die in der Mitte unseres Körpers beginnt und von dort nach außen führt wie eine lieblose Einladung, wie ein vergänglicher Kometenschweif, etwas, das man gleichzeitig sowohl als unerbittlichen Schmerz als auch als Sog der Gezeiten empfindet und das uns bereit dazu macht, unser perfektes Haus, unser abbezahltes Heim und unsere angehäuften Habseligkeiten aufzugeben.

Sehnsucht wird empfunden durch die Linse und sogar durch die Schmerzen des Körpers, die den Horizont vergrößern und näher heranrücken, als sei der Horizont eine lebenslange Reise entfernt und als lebe er zugleich tief im Inneren irgendeines unbekannten Kerns – als kämen wir nach Hause in eine wunderbar vertraute, verdichtete Fremdheit.

In der Sehnsucht und Besessenheit romantischer Liebe ist es, als sei der Körper an jemand anderen ausgeliehen worden und habe dann von einem abgeschiedenen

Ort aus unsere Sinne übernommen, sodass wir uns selbst nicht mehr kennen.

Sehnsucht verlangt nach einer wunderbaren geerdeten Demütigung, der Erniedrigung dessen, was wir zu sein glaubten, und seltsamerweise nach Aufgabe der zentralen Kontrolle, während uns ein wachsames, schillerndes und peripheres Unterscheidungsvermögen zuteilwird. Unsere statische, eigensinnige zentrale Identität wird durchbohrt und verwundet, sie wird verletzt und verwaist in ihre eigene Zukunft, als treibe sie haltlos auf den Wellen – so wie Mose, in seiner schwimmenden Wiege gegen das Schilfrohr am Ufer des Nils stoßend, so wie ein Kind in einer panischen Menschenmenge und manchmal wie ein bestürztes Geschöpf, das von einem vorbeifliegenden Habicht ergriffen und emporgehoben wird.

Sehnsucht besitzt ihr eigenes Geheimnis, ihr eigenes zukünftiges Ziel und ihr eigenes saisonales Hervortreten aus dem Inneren. Sie ist ein Reifen vom Kern her, ein Same, der in unserem eigenen Körper heranwächst. Es ist, als würden wir in eine Beziehung mit einem riesigen Abstand in unserem Innern gebracht, die uns zurückführt zu irgendeinem unbekannten Ursprung mit seinem eigenen geheimen Timing, das unserem Willen gegenüber gleichgültig ist, in eine Beziehung, die gleichzeitig begabt ist mit einem intimen Gefühl von Nähe, zu einem Liebhaber, zu einer Zukunft, zu einer Verwandlung, zu einem Leben, das wir uns für uns wünschen, und zu der Schönheit des Himmels und des Grundes, der uns umgibt.

Sehnsucht ist nichts ohne ihre scharfe Kante, die uns ins Fleisch schneidet und uns verwundet, während sie uns eben wegen unseres menschlichen Bedürfnisses, die rechte Art von Gefahr heraufzubeschwören, freisetzt und lockt. Der grundlegende Instinkt sagt uns, dass wir im Wesentlichen hier sind, um unser Leben in dieser Welt aufs Spiel zu setzen, dass wir eine Form der Einladung an andere und an das Anderssein sind, dass wir dazu bestimmt sind, Kopf und Kragen für die richtige Sache zu riskieren, für die richtige Frau oder den richtigen Mann, für einen Sohn oder eine Tochter, für die rechte Arbeit oder für ein allen Widrigkeiten zum Trotz gegebenes Geschenk. In der Sehnsucht bewegen wir uns und sind unterwegs von einem bekannten, aber abstrakten Anderswo hin zu einem wunderbaren, schon fast erreichten Jemand, einem Etwas oder einem Irgendwo, den oder das wir unser Eigen nennen möchten.

# SELBSTERKENNTNIS

ist für den Menschen nicht vollständig möglich. Wir befinden uns nicht in einem Körper, einem Geist oder in einer Welt, in dem oder der sie erreichbar oder gar als ein Objekt von Interesse überhaupt wünschenswert wäre. Die Hälfte dessen, was in Herz und Geist liegt, ist Potenzial, weilt in der Dunkelheit des Unausgesprochenen und Unartikulierten und ist noch nicht ins Sein getreten. Diese verborgene, unausgesprochene Hälfte einer Person verdrängt und untergräbt sämtliche Vorstellungen, die wir gerade von uns selbst haben.

Menschen sind immer ein Grenzbereich zwischen dem Bekannten und dem Unbekannten, und das werden sie immer sein. Der Akt, irgendeinen Teil des Unbekannten in etwas Bekanntes zu verwandeln, ist schlichtweg eine Einladung für das Unbekannte, in gleichem Maße in dieses Grenzgebiet einzufließen und es neu zu definieren, den tief im Inneren liegenden und bis jetzt noch unbekannten Horizont eines individuellen Lebens neu einzuschätzen – uns zu dem zu machen, was wir sind, nämlich eine bewegliche Grenze zwischen dem, was wir über uns wissen, und dem, was wir im Begriff sind zu werden. Das, was wir tatsächlich gleich sein werden oder was wir fürchten zu werden, übertrumpft und beherrscht immer das, was zu sein wir denken.

Die Hoffnung, dass ein Mensch vollkommene Selbsterkenntnis und Ehrlichkeit in Hinblick auf sich selbst erlangen kann, ist eine Fiktion und eine Chimäre, der Jargon und das Ziel eines konsensgeprägten Erziehungssystems, das nicht geeignet ist, die Tiefen einer Identität mit den Mitteln einer strukturierenden Sprache auszuloten.

Selbsterkenntnis beinhaltet die Einsicht, dass das Ich, das wir erkennen wollen, im Begriff ist zu verschwinden. Was wir jedoch verstehen können, ist die Weise, wie wir diesen Grenzbereich zwischen dem Bekannten und dem Unbekannten bewohnen. Wie wir das Gespräch mit dem Leben führen, ist die Figur, die wir an dieser Grenze machen. Eine ausführliche Durchleuchtung des Ichs ist jedoch unmöglich, und sie schmälert uns in dem Versuch, sie durchzuführen. Wir sind auf ein größeres Format hin angelegt: Zur Hälfte haben wir vor uns selbst Angst, und zur Hälfte sind wir in die Unermesslichkeiten jenseits von allem, was wir benennen könnten, verliebt.

Selbsterkenntnis wird oft mit Transparenz verwechselt, aber Erkenntnis des Selbst wird immer zum Verständnis des Selbst als Zusammenfluss, als eine fließende Begegnung der Elemente, welche all die unzähligen Selbste in der Welt mit einschließt. Sie ist kein festgelegtes Gut, das man ausgraben, messen und in eine Form pressen könnte. Selbsterkenntnis ist nicht Klarheit oder Transparenz oder das Wissen darum, wie alles funktioniert. Selbsterkenntnis ist eine unerbittlich aufmerksame Form des Gesprächs an der Grenze zum Unbekannten, sie ist eine Form von Demut und Dankbarkeit, ein Gefühl für das Privileg einer besonderen Art von Teilhabe, ein Erkennen der Weise, auf die wir das Gespräch des Lebens aufrechterhalten, und vielleicht vor allem des Wunders, dass es eher ein bestimmtes Etwas als ein abstraktes Nichts gibt und dass wir ein ganz eigentümlicher Teil dieses bestimmten Etwas sind.

Was wir in einem Individuum als Redlichkeit und Transparenz erkennen und loben, ist in Wirklichkeit die demütige Haltung eines Lehrlings, von jemandem, der äußerst aufmerksam auf sich, auf andere, auf das Leben sowie auf den nächsten Schritt achtet, den er überleben wird oder auch nicht. Es ist jemand, der nicht alle Antworten kennt, der aber zu lernen versucht, wo er nur kann, über sich selbst und über jene, mit denen er auf der Reise ist, und der sich fragt, was aus ihm und der Gesellschaft in naher Zukunft werden wird. Wir sind weder das, was wir zu sein glauben, noch gänzlich das, was zu werden wir im Begriff sind. Wir sind weder reine Individuen noch ganz und gar ein Geschöpf unserer Gesellschaft, vielmehr ein Spiel des Werdens, das niemals auf die falsche Form einer Nomenklatur festgelegt werden kann. Ungeachtet unseres Bedürfnisses, einen Platz zu finden, auf dem wir inmitten des Voranfließens der Welt stehen können, zeigt sich die wahre Grundlage des Ichs nicht etwa in Selbsterkenntnis, sondern in der Selbstvergessenheit, die entsteht, wenn es etwas anderem als dem Ich begegnet, das es ursprünglich erkennen wollte.

# SICHVERBERGEN

ist eine Weise, am Leben zu bleiben. Sichverbergen ist eine Methode, sich so lange zurückzuhalten, bis wir bereit sind, ans Licht zu treten. Sichverbergen ist eine der brillanten und virtuosen Praktiken beinahe aller Teile der natürlichen Welt: die schützende Ruhe einer eisbedeckten nordischen Landschaft, die einbehaltene Knospe einer inskünftig blühenden Sommerrose, der innere Puls eines eingeschneiten überwinternden Bären. Sichverbergen wird unterschätzt. Wir werden vom Leben im Mutterleib verborgen, bis wir herangewachsen und für unser erstes Erscheinen in der lichten Welt bereit sind. Wenn wir zu früh in dieser Welt erscheinen, bedeutet dies, dass wir dringend intensiver Pflege von außen bedürfen.

Richtig verborgen zu sein, ist das innere vertrauensvolle Versprechen eines angemessenen zukünftigen Sichtbarwerdens, als Embryo, als Kind oder sogar als angehende Erwachsene, die sich aus Namen zurückgezogen haben, die uns oftmals dadurch gefangen und eingekerkert hielten, dass wir zu leicht sichtbar und zu leicht benennbar wurden.

Wir leben in einer Zeit der sezierten Seele, der augenblicklichen Enthüllung. Unsere Gedanken, Vorstellungen und Sehnsüchte werden zu sehr, zu früh und zu häufig ans Licht gebracht, unsere besten Eigenschaften zu früh in eine Welt hinausgepresst, die bereits überflutet ist von Anschauungen, die unser Selbstgefühl und unser Gefühl für andere unterdrücken. Was real ist, ist anfangs fast immer verborgen und will nicht von jenem Teil unseres Gemüts verstanden werden, der fälschlicherweise glaubt, er wisse, was los ist. Dem Kostbaren in unserem Innern geht es nicht darum, vom Verstand auf eine Weise begriffen zu werden, die seine Präsenz schmälert.

Sichverbergen ist ein Akt der Befreiung aus dem Missverständnis anderer, insbesondere in der uns einschließenden Welt einer geheimen unterdrückenden Politik und privater Instanzen, die versuchen, uns Namen zu geben, uns im Voraus zu berechnen, und die uns keinen Platz lassen, uns unbehelligt von einer schleichenden Notwendigkeit absoluter Benennung, absoluten Trackings und absoluter Kontrolle zu verbergen und zu wachsen. Sichverbergen ist ein Versuch, Unabhängigkeit von anderen zu gewinnen, von unangemessenen Vorstellungen, die wir von uns selbst haben, vom erdrückenden und irrigen Bestreben, vollkommen in Sicherheit, vollkommen betreut und daher völlig fremdbestimmt zu sein. Sichverbergen ist kreativ, notwendig und wunderbar subversiv gegenüber äußerer Einmischung und Kontrolle. Beim Sichverbergen überlässt man das Leben sich selbst, damit es stärker es selbst werden kann. Sichverbergen ist die radikale Unabhängigkeit, die für unser Hinaustreten ins Licht einer echten menschlichen Zukunft unabdingbar ist.

# SPUK

ist ein Wort, das für eine unaufgelöste Parallelwelt steht, für eine Präsenz, die nicht ganz eine Präsenz ist, für eine Heimsuchung von etwas, das bis dahin unaussprechlich war. Es ist auch emblematisch für die Sehnsucht nach Inkarnation, für einen unerträglichen Untergrund unerfüllter Sehnsucht danach, ein Heim in dieser oder in der nächsten Welt zu finden. Ein Spuk ist jemand oder etwas, das durch Räume unseres Hauses oder unseres Gemüts spukt und nach etwas Ausschau hält, das ihm helfen kann, sein Ich zur Ruhe kommen zu lassen.

Was uns als Spuk heimsucht, ist immer etwas, das nach seinem eigenen Entschwinden strebt; es möchte ganz und gar es selbst werden, um dann gehen zu können. Wenn wir uns ständig derart heimgesucht fühlen, werden wir selbst Gespenstern ähnlich und wandern ruhelos mit einem Vorhaben, obwohl wir das Objekt unseres Vorhabens noch nicht so recht kennen. Blicken wir in den Spiegel, so beginnt unser Gesicht wie unser noch nicht recht verkörpertes Leben auszusehen. Wir wandeln halbwegs existent durch die Welt, die wir besuchen. So wie die Geister und Halbwesen, die wir zu Halloween nachahmen, durchstreifen wir die Straßen, als würden wir nach einer nicht auszumachenden Bleibe auf dieser Erde suchen, und verlangen von jenen Tribut, die auf ihr wohnen. Der Exorzismus eines unliebsamen Geistes spielt sich überall auf der ganzen Welt auf die gleiche Weise ab:

als eine Einladung, nach Hause zurückzukehren, für ihn und für uns, den Weg zurückzufinden, das rastlose Umherwandern aufzugeben und aufzuhören, andere Leben durch nächtliches Spuken in Häusern zu stören.

Wir werden nicht länger von Gespenstern heimgesucht, wenn wir aufhören, Angst davor zu haben, zuvor Ungreifbares wieder wirklich und berührbar zu machen – insbesondere unser Verständnis der Vergangenheit, insbesondere jener, denen wir Unrecht getan, die uns Unrecht getan oder denen wir nicht geholfen haben. Wir werden wirklich, wenn wir uns selbst vergeben, und wir vergeben uns, indem wir unsere Grundmuster verändern, insbesondere, indem wir unser aktuelles Verhalten gegenüber jenen verändern, die wir verletzt haben. Eine Angst vor Geistern oder eine Angst vor unserem eigenen heimgesuchten Gemüt ist das Maß unserer Abwesenheit in dieser Welt. Wir werden aufhören, uns zu fürchten, wenn wir das weggeben, was uns ursprünglich niemals gehört hat, und wir beginnen, in unserem eigenen Leben, wie wir es gerade vorfinden, präsent zu sein – in unserer irdischen Verwundbarkeit, indem wir uns dem stellen, was wir aus unseren Gedanken verbannt haben und was uns obdachlos gemacht hat, auch wenn wir selbst den Ausweg nicht kennen. Freunden wir uns mit dem an, dem wir uns zuvor nicht zu stellen vermochten, dann wird das, was uns zuvor heimgesucht hat, zu einem unsichtbaren parallelen Verbündeten, zu einer Hand, die uns in unsere Zukunft herbeiwinkt.

Wir verbannen das falsch Ausgerichtete, wenn wir uns auf das ausrichten, wozu wir aufgerufen sind. Wir werden sichtbar und wirklich, wenn wir das uns Gegebene wegschenken und aufhören, darauf zu warten, dass man uns ein Geschenk macht. Wir erwachen wieder zu unserem Leben, als sei es das erste Mal, indem wir das zur Ruhe legen, was zuvor keine Heimstatt hatte, indem wir beginnen, jene Elemente in unserem Innern, die sich danach sehnen, aus der Unsichtbarkeit ins Sichtbare hervorzutreten, auszudrücken, zu verwirklichen und zu leben und sie in einen Zusammenhang zu bringen.

# STILLE

ist beängstigend. Stille ist nicht Bewegungslosigkeit, sondern eine sich selbst überlassene Bewegung wie die Bewegung der Gezeiten und der Jahreszeiten, eine Ahnung des Endes, ein Friedhof festgelegter Identitäten. Wahre Stille stellt jegliches momentane Verständnis in den Schatten, sie nimmt uns jegliche Gewissheit, führt uns über die allzu bekannte und akzeptierte Realität hinaus und konfrontiert uns mit dem Unbekannten und dem zuvor inakzeptablen Gespräch, das dabei ist, in unser Leben einzudringen.

Stille bringt Skepsis nicht zum Schweigen, macht sie jedoch irrelevant. Glaube oder Unglaube oder jegliche zuvor einstudierte Geschichte trifft auf den Wind in den Bäumen, auf das ferne Horn in einem geschäftigen Hafen oder das wachende Auge und lauschende Ohr eines verwunderten Geliebten.

In der Stille spricht die Essenz zu uns über die Essenz selbst und verlangt eine Art einseitige Abrüstung, wodurch unsere wesentliche Natur allmählich durch die Zerschlagung und das Auseinanderfallen der zuvor verteidigten Peripherie hervortritt. Wenn die geschäftigen Ränder zerfransen, beginnen wir uns dem Gespräch durch das Portal einer im Augenblick unwissenden, robusten Verletzlichkeit anzuschließen. Wir offenbaren durch die Art und Weise, auf die wir zuhören, ein anderes Ohr, ein hellsichtigeres Auge, eine Vorstellungskraft, die sich weigert, voreilig zu einer Schlussfolgerung zu gelangen, und die zu einer anderen Person als jener gehört, die zuerst in die Stille eingetreten ist.

Aus der Stille tritt die schiere inkarnatorische Gegenwart der Welt hervor, eine Gegenwart, die eine bewegliche innere Symmetrie in dem Atmenden und Lauschenden zu verlangen scheint, die ihren eigenen elementaren atmenden und lauschenden Kräften ebenbürtig ist.

Vollkommen still zu werden, bedeutet nicht, bewegungslos zu werden, sondern wie die Gezeiten und Jahreszeiten zu einem Kommen und Gehen zu werden, das seinen eigenen, nicht zu imitierenden wesentlichen Charakter besitzt, eine nie ganz zu Ende erzählte Geschichte, wie der Hintergrund des Meeres oder der fallende Regen oder der aus unserem Leben außer Sichtweite weiterströmende Fluss.

Der Realität zu ihren eigenen Bedingungen zu begegnen, verlangt absolute Präsenz und absolutes Nachgeben, eine Fähigkeit, auf Augenhöhe mit dem Flüchtigen und Ewigen, dem kaum Berührbaren und dem ganz und gar Möglichen zu leben – mit einem vollkommenen körperlichen Erscheinen und Verschwinden, einem zur Ruhe gekommenen Nachgeben und Aufgeben, einer anderen, großzügigeren und stärker präsenten Identität als derjenigen, die hungrig nach der leichten, unverdienten Antwort sucht.

# TROST

ist die Kunst, in grimmig schwierigen und unschönen Augenblicken die schöne Frage über sich selbst, über unsere Welt oder über einander zu stellen. Trost ist das, wonach wir suchen müssen, wenn wir den Schmerz, den Verlust oder das Leiden, die letztlich jedes Leben und jedes Unterfangen berühren, nicht mehr ertragen. Wenn das Sehnen keine Erfüllung in einer für uns erkennbaren Form findet. Wenn Menschen, die wir kennen und lieben, verschwinden. Wenn Hoffnung eine andere Form annehmen muss als die, die wir für sie vorgesehen haben.

Trost ist das von uns erstellte, geräumige, imaginative Heim, in das Enttäuschung einziehen kann, um begrüßt und rehabilitiert zu werden. Wenn sich das Leben in keiner Weise rechnet, müssen wir uns jenem Teil von uns zuwenden, der nie nach einem Leben einfacher Berechenbarkeit strebte.

Wir finden Trost, wenn wir die dem Körper eingeborene grundlegende Weisheit zum Vorschein kommen lassen, den Teil von uns, der bereits weiß, dass er sterblich ist und wie alles andere auch irgendwann seinen Hut nehmen muss. Und er ist es, der uns, wenn das Gemüt nicht mehr ertragen kann, was es hört oder sieht, selbst wenn uns ein Tod mitgeteilt wird, zum Gesang des Vogels im Baum über unserem Kopf führt, der Note für Note die Essenz von frühem Morgen und Trauer, eines weiterfließenden Lebensstroms zum Ausdruck bringt, aber irgendwie auch und in schönster Weise das Tragen, Ertragen und sogar Feiern des Lebens, das wir gerade verloren haben – eines Leben, das wir nicht sehen oder würdigen konnten, bis es uns genommen wurde.

Getröstet zu werden, heißt, auf den schrecklichen Grund der Schönheit eingeladen zu werden, auf dem unser unausweichliches Verschwinden steht, zu einer Stimme, die nicht vorgaukelnd besänftigt, sondern das Epizentrum unseres Schmerzes berührt oder das Wesen unseres Verlustes ausdrückt und uns dann sowohl in das Leben wie auch in den Tod als unser gleichwertiges Geburtsrecht hinein entlässt.

Trost ist keine Vermeidung und auch keine Heilung unseres Leidens, noch ist er ein Geisteszustand, den man sich ausdenken kann. Trost ist ein direktes Sehen und Teilnehmen, eine Feier des wundervollen Kommens und Gehens, jenes Auftretens und Abtretens, von dem wir immer ein Teil gewesen sind. Trost sollte keine Antwort sein, sondern eine Einladung: durch die Tür von Schmerz und Schwierigkeit in die Tiefe von Leiden und gleichzeitig in die Schönheit der Welt einzutreten, was der planende Geist für sich weder erfassen noch verstehen kann.

Trost zu suchen, bedeutet, schärfere und feiner zugespitzte Fragen zu stellen: Fragen, die unsere Identität und unseren Körper und unsere Beziehung zu anderen neu gestalten, selbst wenn sie keine Antwort verdienen. Erfahren wir einen Verlust, lassen uns jedoch nicht von ihm überwältigen, dann werden wir zu nützlichen und großzügigen und mitfühlenden und sogar noch unterhaltsamen Gefährten für andere. Aber Trost stellt uns auch sehr direkte und eindringliche Fragen, zuerst: Wie vermagst du den unausweichlichen Verlust, der dich begleiten wird, zu ertragen? Und wie wirst du die Erinnerung an ihn über all die Jahre ertragen? Und vor allem: Wie wirst du ein Leben gestalten, das einer Welt gewachsen und genauso schön und erstaunlich ist wie sie, die dich gebären, dich ans Licht bringen und dich dann, wenn du gerade erst zu verstehen beginnst, aus dem Spiel nehmen kann?

# UNERWIDERT

Unerwiderte Liebe ist die Art von Liebe, die Menschen die meiste Zeit erfahren. Gerade das Bedürfnis, vollkommene Erwiderung zu finden, könnte bewirken, dass wir uns von den Möglichkeiten der Liebe selbst abwenden. Männer und Frauen hatten schon immer Schwierigkeiten damit, dass die Art und Weise, wie Liebe erwidert wird, kaum je der Liebe ähnelt, die sie schenken; aber unerwiderte Liebe mag die Gestalt sein, die Liebe zumeist annimmt. Welche Art von Zuneigung wurde im Laufe der Zeit denn schon jemals in gleichem Maße oder in gleicher Qualität erwidert, wie sie geschenkt wurde? Jeder Mann und jede Frau liebt unterschiedlich und auf einzigartige Weise, und jeder von uns hegt verschiedene Träume und Hoffnungen, verliebt sich oder wird zum Objekt von Liebe auf einer ganz besonderen Schwelle in einem ganz bestimmten Leben, in dem überaus spezielle Eigenschaften für die nächsten paar Jahre unserer Existenz benötigt werden. Welcher andere Mensch könnte uns je so lieben, wie wir es nötig haben, geliebt zu werden? Und wen können wir durch alle Irrungen und Wirrungen eines gegebenen Lebens hindurch je so gut und intim kennen, dass wir ihm oder ihr genau die kontinuierliche und angemessene Form von Zuneigung entgegenbringen könnten, die er oder sie braucht?

Es mag zu erwiderter Liebe kommen, doch sie ist ein wunderschöner, zeitweiliger, saisonbedingter Segen, eine

Konstellation von Sternen, die nicht allzu häufig im selben Viertel des Himmels auftritt, ein erstaunliches Heil. Erwiderte Liebe ist eine Ernte, die lediglich einmal innerhalb eines langen Zyklus auftritt, und sie ist eine Last für das Gemüt und die Vorstellungskraft, wenn wir ihre Dynamik als den Zustand festschreiben, zu dem wir immer wieder zurückkehren müssen, um uns in einer echten, beständigen Liebesbeziehung zu fühlen.

Ob unsere Zuneigung nun in einer romantischen Liebe verfangen ist, ob wir versuchen, unsere Nächsten wie uns selbst anzusehen oder aber einen großen, jedoch fernen Gott zu lieben, nur selten scheint unsere Liebe auf die Weise zurückgegeben zu werden, wie sie geschenkt wurde. Unser Geschenk wird zuerst einmal auf eine Weise erwidert, die wir nur selten erkennen. Menschen leben in Enttäuschung und einer selbsternannten Gefangenschaft, wenn sie sich weigern zu lieben, solange sie nicht auf dieselbe Weise wiedergeliebt werden. Das ist die Last der Ehe, die schwierige Einladung im Kern der Elternschaft und die zentrale Schwierigkeit in unserer Beziehung mit einer jeden Zukunft, die wir uns als lebendig vorstellen. Die große Disziplin scheint darin zu bestehen aufzuhören, die Weise, in der uns etwas vergolten wird, kontrollieren zu wollen und einen Bogen um die natürliche Enttäuschung zu machen, die aus der Erwartung einer genauen und angemessenen Erwiderung von einem Partner, einem Kind, oder aus unserer Hoffnung auf einen liebenden Gott entsteht.

Wir scheinen in eine Welt hineingeboren zu sein, in der Liebe, mit Ausnahme von brillanten außergewöhnlichen Momenten, nur von einer Seite her zu existieren scheint, der unseren. So mögen die Schwierigkeit und die Offenbarung und das Geschenk darin bestehen, Liebe als die höchste Form des Schenkens und Loslassens zu erkennen – und durch das Tor dieser Zuneigung das schwerste aller Opfer zu bringen, nämlich das wegzugeben, was wir für immer festhalten wollen.

# VERGEBUNG

ist seelische Qual und schwer zu erreichen, weil sie sich seltsamerweise nicht nur weigert, die ursprüngliche Wunde aus der Welt zu schaffen, sondern uns tatsächlich dichter an deren Quelle heranführt. Sich Vergebung anzunähern, bedeutet, immer tiefer in die Natur des Schmerzes selbst einzudringen, wobei – je näher wir dem rohen Zentrum kommen – das einzige Heilmittel darin besteht, unsere Beziehung zu dem Schmerz neu zu interpretieren.

Es kann sein, dass der Teil von uns, der getroffen und verletzt worden ist, niemals vergeben kann und dass Vergebung bemerkenswerterweise niemals von dem Teil in uns ausgehen kann, der tatsächlich verwundet wurde. Das verwundete Ich mag der Teil von uns sein, der nicht fähig ist zu vergeben und vielleicht auch nicht wirklich dazu bestimmt ist zu vergessen, so als müsse die grundlegende Dynamik des physiologischen Immunsystems unsere psychischen Abwehrkräfte an die Verletzung erinnern, um uns gegen etwaige zukünftige Angriffe zu wappnen. Letzten Endes beruht die Identität desjenigen, der vergeben muss, geradezu auf der Tatsache, verwundet worden zu sein.

Noch seltsamer ist, dass es dieser verletzte, gebrandmarkte und nicht vergessende Teil von uns ist, der das Vergeben schließlich zu einem Akt von Mitgefühl macht und nicht nur zu einem Akt von schlichtem Vergessen.

Zu vergeben heißt, eine Identität anzunehmen, die größer ist als die Person, die ursprünglich verletzt wurde. Es heißt, zu reifen und eine Persönlichkeit zu verwirklichen, die ihren Arm nicht nur um den im Inneren Gequälten legen kann, sondern auch um die Erinnerungen, die aufgrund des ursprünglichen Hiebes in unser Inneres eingebrannt sind. Und es heißt, unser Verstehen mittels einer gewissen psychischen Kunstfertigkeit auf denjenigen auszuweiten, der uns verletzt hat. Vergeben ist eine Fertigkeit, eine Weise, in einem individuellen Leben Klarheit, Gesundheit und Großzügigkeit zu bewahren, eine wundervolle Frage und eine Art, das Gemüt auf eine Zukunft hin zu formen, wie wir sie für uns selbst anstreben. Geben wir zu, dass Vergebung durch Verstehen entsteht und Verstehen nur eine Frage der Zeit und der Umsetzung ist, dann können wir genauso gut gleich zu Anfang eines jeden Dramas mit der Vergebung beginnen, statt den ganzen Kreislauf von Gärung, Unfähigkeit, zögerlicher Heilung und endlicher Segnung zu durchlaufen.

Zu vergeben bedeutet, sich in das Gravitationsfeld einer Erfahrung zu begeben, die größer ist als diejenige, die uns ursprünglich verletzt zu haben scheint. Im Licht unserer Reifung konzipieren wir uns neu, gestalten wir unsere Vergangenheit im Glanz unserer neuen Persönlichkeit um und erlauben uns, mit einer Geschichte beschenkt zu werden, die größer ist als die Geschichte, die uns ursprünglich verletzt und zu einem Opfer gemacht hat.

Die große Gnade besteht darin, dass der aufrichtige Versuch zu vergeben, auch dann, wenn er nicht völlig erfolgreich ist, an sich schon eine Form der Segnung und der Vergebung selbst ist.

Am Lebensende ist der Wunsch nach Vergebung bei fast allen Menschen der größte Herzenswunsch. Indem wir uns weigern abzuwarten, indem wir Vergebung bereits jetzt anderen zukommen lassen, begeben wir uns auf die lange Reise der Entwicklung hin zu einer Person, die weit genug, fähig genug und großzügig genug sein wird, letzten Endes selbst Absolution zu empfangen.

# VERLETZLICHKEIT

ist keine Schwäche, keine vorübergehende Unpässlichkeit oder etwas, das zu vermeiden wir uns entscheiden könnten. Verletzlichkeit wird nicht gewählt. Verletzlichkeit ist eine grundlegende, ständig gegenwärtige und bleibende Unterströmung unseres natürlichen Zustands. Vor Verletzlichkeit zu fliehen, heißt, vor der Essenz unserer Natur zu fliehen. Das Bestreben, unverwundbar zu sein, ist das vergebliche Bestreben, etwas zu werden, das wir nicht sind, und insbesondere unser Verständnis gegen den Kummer anderer abzuschotten. Schlimmer noch: Indem wir unsere Verletzlichkeit ablehnen, lehnen wir die Hilfe ab, die wir an jeder Wendung unseres Lebens benötigen, und lassen die wesentlichen, den Gezeiten unterworfenen und gesprächsorientierten Grundlagen unserer Identität erstarren.

Ein zeitweiliges weltentrücktes Gefühl von Macht über alle Ereignisse und Umstände zu haben, ist ein liebenswertes, illusorisches Privileg und vielleicht der hauptsächliche und überaus schön konstruierte Dünkel des Daseins als Mensch – und insbesondere als junger Mensch –, aber es ist ein Privileg, das mit ebendieser Jugend aufgegeben werden muss, in Krankheit, Unfall, dem Verlust von geliebten Wesen, welche die Kräfte unserer Unantastbarkeit nicht teilen, Kräfte, die letztendlich und sehr entschieden aufgegeben werden, wenn wir uns unserem letzten Atemzug nähern.

Die einzige Wahl, die uns bleibt, wenn wir reifer werden, ist, wie wir mit unserer Verletzlichkeit umgehen, wie wir durch eine Vertrautheit mit dem Tod größer, mutiger und mitfühlender werden. Unsere Wahl liegt darin, Verletzlichkeit entweder als großzügige Bürger des Verlusts robust und vollkommen zu bewohnen oder aber im Gegenteil als Geizhälse und Nörgler, die widerstrebend und ängstlich immer vor den Toren des Daseins stehen, aber niemals mutig und wirklich den Versuch machen einzutreten, die sich nie in Gefahr bringen und ganz durch die Tür schreiten.

# VERZWEIFLUNG

übermannt uns, wenn wir nirgendwohin mehr gehen können, wenn wir das Gefühl haben, unser Herz könne nicht noch weiter brechen, wenn unsere Welt oder unsere Geliebten verschwinden, wenn wir das Gefühl haben, niemand könne uns lieben oder wir verdienten es nicht, geliebt zu werden, wenn unser Gott uns enttäuscht oder wenn es in unserem Körper tiefen Schmerz gibt, der nicht zu schwinden scheint.

Verzweiflung ist ein Zufluchtsort mit einer ihm eigenen zeitweiligen Form von Schönheit, von Mitgefühl für einen selbst. Sie ist eine Einladung, die wir annehmen, wenn wir uns der Verletzung entziehen wollen. Verzweiflung ist eine letzte Schutzmaßnahme. Aufgrund von Verzweiflung zu verschwinden, heißt, eine zeitweilige, aber notwendige Illusion aufzusuchen, einen Ort, von dem wir hoffen, dass uns dort nichts jemals wieder auf dieselbe Weise vorfinden kann.

Verzweiflung ist ein notwendiger und saisonaler Zustand der Wiederherstellung, eine vorübergehende heilende Abwesenheit, ein innerer physiologischer und psychischer Winter, während dessen unsere bisherigen Formen der Teilhabe an der Welt eine Pause einlegen. Sie ist ein Verlust des Horizonts, Verzweiflung ist der Ort, an den wir uns begeben, wenn wir nicht mehr auf dieselbe Weise gefunden werden wollen. Wir begraben unsere Hoffnung, wenn bestimmte besondere Wünsche sich nicht mehr erfüllen lassen, und Verzweiflung ist die Zeit, in der wir dies erdulden und heilen, auch wenn wir noch keine neue Form der Hoffnung gefunden haben.

Überraschenderweise ist Verzweiflung die letzte Bastion der Hoffnung; wir wünschen uns, dass wir dann, wenn wir nicht mehr auf die alte Weise vorzufinden sind, auch niemals wieder auf diese Weise berührt oder verletzt werden können. Verzweiflung ist die süße, doch illusorische Abstraktion, den Körper zu verlassen, während wir noch in ihm wohnen, damit wir ihn daran hindern können, weiterhin zu fühlen. Verzweiflung ist der Ort, den wir aufsuchen, wenn wir kein Zuhause mehr in dieser Welt schaffen wollen, und an dem wir mit einer wunderbar grausamen Form von Befriedigung fühlen, dass wir womöglich niemals eine solche Heimstatt verdient haben. Verzweiflung hat seltsamerweise ihr eigenes Erfolgserlebnis, und Verzweiflung benötigt, was sogar noch seltsamer ist, Verzweiflung, um sich am Leben zu erhalten.

Verzweiflung wird zu Depression und Geistesabwesenheit, wenn wir versuchen, sie dazu zu bringen, über die ihr zustehende Jahreszeit hinaus zu bleiben, und beginnen, unsere Identität um ihre eingefrorenen Enttäuschungen herum zu gestalten. Aber Verzweiflung kann nur durch die erzwungene Künstlichkeit einer selber herbeigeführten Entfremdung über die ihr bestimmte Zeit hinaus bleiben, indem wir uns von körperlichen Gefühlen abtrennen, indem wir unserem enttäuschten Gemüt in die Falle gehen, indem wir uns davon überzeugen, dass die Jahreszeiten aufgehört haben zu existieren und niemals wieder wechseln werden – und vielleicht am einfachsten und am wichtigsten – indem wir uns weigern, den Körper von selbst voll und tief atmen zu lassen. Verzweiflung wird am Leben erhalten, indem wir unser Zeitgefühl und die zeitlichen Rhythmen einfrieren. Wenn wir uns jedoch nicht mehr von der Zeit eingekerkert fühlen und wenn die Jahreszeit sich wandeln darf, kann Verzweiflung nicht überleben.

Um Verzweiflung aufrechtzuerhalten, müssen wir uns von unserem Körper, unseren Fähigkeiten des Hörens, Berührens und Riechens abtrennen, uns unbeweglich machen und den uns umgebenden Frühling der Welt auf Abstand halten. Verzweiflung bedarf einer gewissen Pflege, einer Verstärkung und Isolation. Der sich selbst überlassene Körper jedoch wird atmen, die Ohren werden den ersten Vogelgesang am Morgen oder die Blätter, die vom Wind in den Bäumen berührt werden, hören. Der Wind wird selbst die gräulichste Wolke davonblasen; selbst die unbeweglichste Jahreszeit wird von ihm bewegt. Das Herz wird weiterhin schlagen, und, wie uns aufgeht, wird die Welt niemals anhalten oder verschwinden.

Das Gegenmittel zu Verzweiflung lässt sich nicht in dem tapferen Versuch finden, uns selbst mit fröhlicher Kleckserei aufzuheitern, sondern indem wir dem Körper und dem Atem unabhängig von den uns einengenden Gedanken und Geschichten tiefe und mutige Aufmerksamkeit schenken und, überraschenderweise, indem wir der Verzweiflung an sich und der Weise Aufmerksamkeit widmen, auf die wir uns an sie klammern und die, wie wir realisieren, niemals in erster Linie uns gehören und von uns festgehalten werden sollte. Verzweiflung in unserem Körper voll und ganz zu erkennen und zu erleben, bedeutet, sie als notwendige saisonale Heimsuchung zu erkennen und ihr als ersten Schritt ein eigenes Leben zuzugestehen, indem wir sie weder festhalten noch sie vor ihrer Zeit austreiben.

Wir unternehmen die ersten Schritte aus der Verzweiflung hinaus, indem wir ihr volles Gewicht auf uns nehmen und vollkommen unserem Wunsch, nicht hier zu sein, auf den Grund gehen. Wir lassen unseren Körper und unsere Welt wieder atmen. In diesem Atmen kann Verzweiflung nichts anderes tun, als sich in etwas anderes zu wandeln, in irgendeine andere Jahreszeit, so wie es ihr von Anfang an bestimmt war.

Verzweiflung ist eine schwierige, wundervolle Notwendigkeit, ein verbindliches Verständnis zwischen Menschen, die in einer grimmigen und schwierigen Welt gefangen sind, in der die Hälfte unserer Erfahrung durch Verlust an uns herangetragen wird. Aber sie ist eine Jahreszeit, eine Wellenform, die durch unseren Körper hindurchgeht, und kein uns einschließendes Gefängnis. Eine sich selbst überlassene Jahreszeit wird sich immer durch die ihr eigene Geduld, Kraft und Willensanstrengung bewegen, wie gemächlich dies auch vonstattengehen mag.

Weigern wir uns, an der Verzweiflung zu verzweifeln, so können wir die Verzweiflung ihrem eigenen natürlichen Leben überlassen und einen ersten Schritt auf den grundlegenden Boden menschlichen Mitgefühls tun, der Fähigkeit, den von Herzen kommenden Kummer eines anderen zu erkennen, zu verstehen, zu berühren und sogar anzusprechen.

# WEGLAUFEN

ist etwas, das die meisten Menschen einen Großteil der Zeit tun möchten. Es ist der Fluchtanteil in der Kampf-oder-Flucht-Reaktion, die tief in unserem Körper und in unserer Vergangenheit verankert ist, ein evolutionärer Impuls und ein biologisches Gedächtnis tief im menschlichen Körper, das es unseren Vorfahren ermöglichte, von einem Tag zum nächsten zu überleben, und das uns über viele Generationen bis auf den heutigen Tag vererbt wurde.

Der Wunsch wegzulaufen ist eine Essenz des Menschseins. Er transformiert jegliches Standhalten durch die Metamorphose der Wahl. Der Gedanke an die Flucht vor Umständen wie einer Ehe, einer Beziehung oder einer Arbeit ist Teil des Gesprächs selbst und hilft uns, die wahre destillierte Natur unseres eigenen Widerwillens zu verstehen und somit auf ehrlichere Weise mit den Gegenströmungen unserer Mühe, ganz und gar präsent zu sein, umzugehen.

Seltsamerweise sind wir vielleicht dann am vollständigsten als Mensch inkarniert, wenn ein Teil von uns nicht hier sein will oder nicht weiß, wie er hier sein soll. Präsenz ist möglicherweise nur dann völlig zu verstehen und zu verwirklichen, wenn wir unsere Abneigung, uns dem Leben zu stellen, verstehen. Den Teil von uns zu verstehen, der nichts mit all den Verpflichtungen von Arbeit, Beziehungen sowie der Erledigung des Notwendigen zu tun haben will, bedeutet, Demut zu lernen, Mitgefühl mit uns selbst zu kultivieren und jenen Sinn für Humor zu schärfen, der wesentlich ist für eine barmherzige Perspektive auf uns selbst und auf andere.

Der Wunsch wegzulaufen ist notwendig, denn Weglaufen kann uns in entscheidenden Momenten das Leben retten. Aber es kann auch äußerst gefährlich und unklug sein, insbesondere wenn wir es mit Tieren zu tun haben, die größer, schneller und beweglicher sind als wir. Besonders gefährlich ist Weglaufen, wenn gerade dieser Akt des Flüchtens eine aggressive, den Raubtieren eigene Reaktion auslöst, oder wenn das Weglaufen uns gerade von den Umständen entfernt, die geeignet wären, unseren Charakter zu verfeinern und reifen zu lassen. In der Wildnis ist die beste Reaktion auf gefährliche Situationen häufig, nicht wegzulaufen, sondern eine zutiefst aufmerksame Haltung einzunehmen, auf das zu achten, was bedrohlich zu sein scheint, und in dieser Aufmerksamkeit nicht die Rolle des Opfers anzunehmen.

Indem wir uns gefährlichen Umständen gewachsen zeigen, machen wir uns größer als der Anteil in uns, der fliehen will, ohne dabei jedoch das schützende Wissen darum zu verlieren, wann Weglaufen angemessen wäre. Im Übrigen gibt es selten nur eine für sich allein stehende Identität, die weglaufen muss. Wir besitzen innen und außen viele verschiedene Interessenlagen. Wir sind nicht nur Beschützer unseres vielschichtigen Ichs, sondern auch unserer Familie und Gemeinde, unserer Kinder und der Gebrechlichen oder zeitweilig Arbeitsunfähigen oder jener, die einfach die falsche Perspektive haben. Wir entscheiden uns nicht nur deshalb, nicht wegzulaufen, weil es viele gibt, die wir zurücklassen würden, die nicht so schnell laufen können wie wir, sondern auch, weil wir die Möglichkeit haben, durch die Umstände einen anderen Weg vorwärts zu finden, indem wir uns der Quelle der Angst zuwenden, anstatt vor ihr in ein scheinbar sicheres Gebiet, wo es keine Bedrohung mehr gibt, wegzulaufen.

Wir wissen intuitiv, dass wir die meiste Zeit nicht weglaufen sollten, sondern dem evolutionären Bedürfnis zum Trotz bleiben und nach einem anderen Weg nach vorn suchen sollten. Es ist selten gut, wegzulaufen, aber wir sind weiser, präsenter, reifer und verständnisvoller, wenn wir realisieren, dass wir niemals diesem Bedürfnis wegzulaufen werden entfliehen können.

# ZÖGERN

ist nicht das, was es zu sein scheint. Was von außen wie ein Säumnis oder wie ein Mangel an Einsatz oder gar wie Faulheit aussieht, mag mehr mit einem langsamen notwendigen Prozess der Reifung in der gebotenen Zeit zu tun zu haben und mit dem inneren Ringen mit der Realität eines jeglichen Unterfangens, auf das wir uns ausgerichtet haben. Unsere Neigung zum Zögern zu hassen, heißt gewissermaßen, unsere Beziehung zur Zeit selbst zu hassen, der Phänomenologie der Offenbarung und ihrer Funktionsweise in ihrer ihr eigenen, begnadeten Zeit nicht gerecht zu werden, also dem, was erst dann hervortritt, wenn genau die Eigenschaften, welche die Reifung ausmachen, eine feste Übereinstimmung in unserem notwendigerweise kämpfenden Herzen und unserer Vorstellungskraft erreicht haben.

Betrachtet man das Zögern näher, kann es etwas sehr Schönes sein, eine Parallele zur Geduld, ein kameradschaftlicher Freund der Geduld, ein Offenbarer des wahren Musters, das – wie wir überrascht feststellen – bereits in uns eingeschlossen ist. Es kann für einen Schriftsteller beispielsweise bedeuten, dass er, bevor er ein Buch schreiben kann, zunächst einmal die meisten Weisen, auf die es sich nicht schreiben lässt, im Geiste durchspielt: auf dem Bildschirm vor einer leeren Seite oder beim Anstarren der Decke des Schlafzimmers morgens früh um vier. Dieses Aufschieben und Zögern ermöglichen uns, die Single-Malt-Essenz unseres eigenen Widerstrebens zu schmecken.

Ein Unterfangen, das ohne Verzögerung, falsche Wendungen, gelegentliche leere Wände und ohne eine Ader des Selbstzweifels, die alles durchzieht und schließlich zu einem gewissen Maß an Kummer führt, verwirklicht wird, ist bloß eine Sache des Augenblicks, eine Bagatelle, und häufig weder Nutz noch Zier. Es wird für einen Moment überflogen und dann abgetan. Eine Sache, die den Aufwand wert ist, bezeugt in sie eingeschrieben den Kampf des Erzeugers, aber eingewebt in die Gestalt eines verdienten Verständnisses.

Zögern hilft uns, von unserem eigenen Widerstreben zu lernen, die verborgene dunklere Seite der ersten enthusiastischen Idee zu verstehen und zu lernen, wovor wir in dem Unterfangen an sich Angst haben. Es bedeutet, das Werk mit einer Unterseite auszustatten, sodass es ein lebendiges, befriedigendes Ganzes wird und nicht eine Oberfläche bleibt, die uns im Augenblick zu manipulieren versucht.

Zögern verhindert nicht, dass ein Projekt Früchte tragen wird. Was uns aufhält, ist das Verwerfen einer ursprünglichen Idee, weil wir noch nicht zum Kern der Ursache unseres Zögerns vorgestoßen sind und uns nicht von der wahren Form unseres Widerstrebens die Richtung haben weisen lassen. Zögern heißt, es mit größeren Wesenheiten als unseren eigenen Ideen aufzunehmen, sich zu weigern, sich mit einem frühen hinter den Erwartungen zurückbleibenden Ergebnis zufriedenzugeben, um wie Jakob, der mit seinem Engel rang, das zu finden, wovon Rilke spricht: Die Siege laden ihn nicht ein. Sein Wachstum ist: der Tiefbesiegte von immer Größerem zu sein.[4]

4 Rainer Maria Rilke, »Der Schauende«, aus *Das Buch der Bilder*. (Anm. d. Übers.)

# ZORN

ist die tiefste Form von Fürsorge, für einen anderen, für die Welt, für das Ich, für ein Leben, für den Körper, für die Familie und für sämtliche Ideale, die alle verletzlich sind und allesamt möglicherweise kurz davorstehen, verletzt zu werden.

Ohne zu körperlicher Einkerkerung und gewalttätiger Reaktion zu führen, weist Zorn auf die reinste Form von Fürsorge hin: Die innere lebendige Flamme des Zorns beleuchtet immer das, wozu wir gehören, was wir beschützen wollen, und jene Dinge, für die wir bereit sind, uns selbst aufs Spiel zu setzen oder uns gar in Gefahr zu bringen.

Was wir normalerweise Zorn nennen, ist lediglich das, was von seiner Essenz übrig bleibt, wenn wir von der ihn begleitenden Verletzlichkeit überwältigt werden, wenn er die verlorene Oberfläche unseres Gemüts erreicht, wenn unser Körper nicht mehr in der Lage ist, ihn zu ertragen, oder wenn er die Grenzen unseres Verständnisses berührt. Was wir Zorn nennen, ist im Grunde nur die inkohärente körperliche Unfähigkeit, diese tiefe Form von Fürsorge in unserem äußeren Alltag aufrechtzuerhalten. Es ist der Unwille, groß und großzügig genug zu sein, um das, was wir hilflos in unserem Körper oder Geist lieben, mit der Klarheit und Weite unseres ganzen Wesens zu tragen.

Was wir als Zorn bezeichnet haben, ist an der Oberfläche die heftige äußere Reaktion auf unsere innere Ohnmacht. Eine Ohnmacht, die mit einem solch tiefen Gefühl von Rohheit und Fürsorge verbunden ist, dass sie keinen angemessenen äußeren Körper oder eine Identität oder eine Stimme oder einen Lebensstil findet, die oder der sie tragen könnte.

Was wir Zorn nennen, ist häufig einfach der Unwille, angesichts unserer Liebe zu einer Frau, in unserer tiefen Fürsorge für einen Sohn, in unserem Streben nach dem Besten, angesichts der schlichten Tatsache, dass wir lebendig sind und jene lieben, mit denen wir zusammen sind, das volle Ausmaß unserer Ängste oder unseres Nichtwissens zu leben.

Am häufigsten bricht unser Zorn aufgrund des Gefühls an die Oberfläche durch, es sei etwas zutiefst falsch an dieser Ohnmacht und Verletzlichkeit. Allzu oft äußert sich Zorn seltsamerweise durch unsere Inkohärenz und unsere Unfähigkeit zu sprechen, aber in seinem reinen Zustand ist Zorn das Maß dafür, wie weit wir in die Welt verstrickt sind und durch die Liebe in all ihren Einzelheiten verletzlich werden: die Liebe zu einer Tochter, einem Haus, einer Familie, einem Unternehmen, einem Land oder einem Kollegen.

Zorn wird zu Gewalt und zu gewalttätiger Rede, wenn der Verstand sich weigert, die Verletzlichkeit des Körpers in seiner Liebe für all diese äußeren Dinge zu dulden. Denn oft wurden oder werden wir von jenen misshandelt, die uns lieben, die aber kein Vehikel dafür haben, uns dieses Verständnis zu vermitteln, oder die keine äußeren Sinnbilder für ihre innere Sorge oder gar ihren eigenen Wunsch, gewollt zu werden, besitzen. In Ermangelung eines äußeren Vehikels für diese innere Rohheit werden sie einfach von der elementaren Verletzlichkeit der Liebe überwältigt. In ihrer Hilflosigkeit richten sie ihre Gewalt gerade auf jene Menschen, die in ihren Augen für diesen inneren Kontrollmangel stehen.

Doch Zorn, der wahrhaftig in seinem Kern empfunden wird, ist die essenzielle lebendige Flamme unseres völligen Lebendigseins und völligen Hierseins. Er ist eine Eigenschaft, der man zu ihrer Quelle folgen sollte, die man wertschätzen und pflegen sollte, und er ist eine Einladung zum Auffinden eines Weges, wie man diese Quelle vollständig in die Welt bringen kann, indem man den Geist klarer und großzügiger, das Herz mitfühlender und den Körper größer und stärker macht, damit sie diese Einladung annehmen können.

Was wir oberflächlich Zorn nennen, dient lediglich dazu, seine wahre ihm zugrunde liegende Eigenschaft als das genaue spiegelbildliche Gegenteil seines inneren Wesens zu definieren.

# Die Wörter